怖いくらい人を動かせる

心理操作

目白大学名誉教授
社会心理学者
渋谷昌三

三笠書房

はじめに

相手が気づかないうちにこっそり試してみてください

「他人の心や行動を操作する」というと、「特殊なテクニックが必要で、普通の人間にはまねできない」と考える人が多いかもしれない。また、「人心を操作するのは罪悪である」と拒絶反応を示す人もいるだろう。

しかし、「心理操作」は日常茶飯的に散見する。

たとえば、あるとき、彼女が愁《うれ》いを含んだ悲しそうな目つきをしたとする。その目を見た彼は、動揺し、困惑する。彼女に共感して悲しい気持ちになる。

こんなとき、彼は、彼女を慰めたり、彼女に助力を申し出たりするにちがいない。彼女の悲しそうな目つきが彼の心を動かし、彼をさまざまな行動へと駆り立てたことになる。

彼女の行為（悲しそうな目つき）が計算ずくであるとき、それは作為的な操作である。しかし、それが彼女の本意であったなら、無意識のうちに彼の心を操作したことになる。

ただし、このケースでは、彼と彼女との間に恋愛感情を含む緊密な人間関係があった。だからこそ、彼女は悲しそうな目つきをすることで、彼の心を操作することができたのである。

恋人だけでなく、夫婦、同僚、上司・部下などの人間関係の中でも、こうした心理操作が交互に繰り返されている。


ところで、私たちは、**自分で自分自身を心理操作することがある。**

世界のホンダを一代で築き上げた本田宗一郎《そういちろう》が、まだ従業員が五〇人たらずの会社を経営していたころの話である。彼は、給料を満足に支払えない状況の中で、ミカン箱の上に乗って、「日本一になろうなどと思うな。世界一になるんだ！」と従業員を叱咤《しった》激励したという。

これは、本田の本音なのか、それとも大ボラなのか、真偽のほどはわからない。しかし、従業員の前でこう公言することで、頑張らざるをえない状況に自分自身を追い込んだのは確かである。

「一年の計は元旦にあり」という。これは四計（一日の計、一年の計、一生の計、一家の計）の一つであるが、これを紙に書いて壁に貼ったり、公言したりすることが多い。こうした行為を「パブリック・コミットメント」と呼んでいる。

心理実験から、パブリック・コミットメントした人は自分の発言にこだわり、それを実行しようと頑張ることがわかっている。

従業員の前で「世界一のホンダになる」と公言した本田は、パブリック・コミットメントすることで、自分自身を心理操作したことになる。

アメリカのある企業では、クーリングオフ（商品を購入してから一定日数内であれば、契約を破棄しても代金を全額返却してもらえる制度）の対抗手段として、パブリック・コミットメントを利用しているという。

実際、客に契約書のすべてを書いてもらうという方法で、クーリングオフが激減したそうである。これも心理操作の一例である。

事件の新聞記事を読むと、犯人が「なぜ、こんなことをしたのか、自分でもよくわからない」と語っていることがよくある。

自分では気づいていないのだが、おそらく、他人からの心理操作や自分自身による心理操作があったと考えられる。

本書で紹介した心理学の知見があると、自分では気づきにくい心理操作が理解しやすくなるだろう。一見すると、きわめて不思議に思われる現象であっても、心理学的に見ると、単純なカラクリにすぎないことがある。

本書では、心理学の視点から、こうしたカラクリを一つひとつ解き明かし、それを応用したテクニックを紹介する。

心理操作の基本と原理が理解できれば、自分の言動をバージョンアップできるにちがいない。

渋谷昌三

目次

第1章 「あなただけには本当のこと、話します」
――口には出さない「心の動き」がわかるとき

第2章 はじめの1分間、最後の1分間
――そのとき、相手の心に変化が起こる！

第3章 心を操る4つのルール

——人を虜にするときの心理学

第4章 ゴキブリ博士の「人間観察記」

――「今、あなたの姿を壁板の隙間から見ています」

第5章 相手の心を上手に透視する方法
――人間関係が劇的に変わる「実践心理術」

本文イラストレーション／齋藤美樹
本文ＤＴＰ／株式会社 Ｓｕｎ Ｆｕｅｒｚａ

第1章

「あなただけには本当のこと、話します」

——口には出さない「心の動き」がわかるとき

1 「視線の魔力」

――目は口の二倍も三倍もモノを言う！

◎「じっと見つめる」ことの意味

たとえば、パーティー会場や合コンの席で「いいな」と思う人がいたときに、その相手と目が合うチャンスを待った、という経験はないだろうか。同じように、レストランで注文したいときには店の人の目をとらえようとするだろう。目が合えば、相手を会話に誘い込むとっかかりができるからだ。

視線には、会話の流れを調整する働きがある。

たとえば、話に興味があり、もっと話し続けてほしいときには、相手の目をじっと見続ける。逆に、そろそろ話をやめたいときには、視線を合わせないようにするだろう。

ところで、どんな人間関係でも守らなくてはならない四つのルールがある。

第一に、相手のプライバシーを尊重する。

第二に、相手の目を見て話す。

第三に、秘密を打ち明けられたときに、その話を他人にもらさない。

第四に、人前で相手を批判しない。

いずれも「当たり前のことばかり」と思うかもしれないが、このルールを守れない人は結構多い。注目してほしいのは、二番目に「相手の目を見て話す」というルールがあることだ。

「いらっしゃいませ」「ありがとうございました」という言葉も、そっぽを向いて言ったら、「しらじらしい」と、とられるだろう。

恋人同士はじっと見つめ合って、多くを語らない。こんなシーンに出くわした人は、たいてい、「相思相愛なんだ」と当て推量をする。

男性は好きな女性と話をする場合、自分が話しているときより、相手の話を聞いているときに相手の目をよく見る。一方、女性は、相手の話を聞いているときより、自分が話しているときに相手の目をよく見ることがわかっている。

相思相愛の男女なら、女性が男性に話しかけているとき、二人の目はしっかり合うことになる。試しに公園や電車の中にいるカップルを観察してみよう。

ここで、魅力的なあなたにひと言。異性と目を合わせすぎると「気がある」と誤解されるかもしれないので、ご用心。

魅力の秘密

スーパーマーケットの駐車場で、女性の買い物客に、四枚の乳児の顔写真「①瞳が拡大した写真、②瞳が縮小した写真、③拡大した瞳の中に光点がある写真、④縮小した瞳の中に光点がある写真」を見てもらった。そうしたところ、④の写真がもっとも魅力的と見なされた。マンガのヒロインの大きな瞳の中に星印が描かれていることがあるが、こんな秘密があったのである。

◎視線の動きでいろいろなことが読めてくる！

アメリカの心理学者ヘスは、ある日、明るい部屋で、読書に熱中している妻の瞳がきわめて大きくなっていることに驚いた。明るいところでは瞳は縮小すると考えていたからだ。

そこで、彼はいろいろな実験をして、明るさに関係なく「人は興味があるものを見ると瞳孔《どうこう》が大きくなる」ことを確かめた。

たとえば、女性に「赤ちゃんを抱いた若い母親の写真」を見せると瞳孔が二五%も大きくなった。

同じように、女性に「男性のヌード写真」を、男性に「女性のヌード写真」を見せると、それぞれ瞳孔が二〇%も大きくなった。

男性から「好きです」と告白される幸運にめぐり合ったら、まず瞳を見つめながら「ホント?」と聞いて下心がないかどうかをチェックしたらどうだろう。

「目は心の鏡」という。

あなたがセールスマンで、客に「それはいりません」と言われたら、品物を見る客の瞳孔の変化に注意しよう。瞳が大きくなっていたら、プッシュするチャンスだ。

また、視線の動きからは、相手の人柄もわかる。

第一に、依存心の強い人はよく視線を合わせる。「これは本当にいい物なのでしょうか」と視線を合わせて話しかけ、「それ、とっても人気があるんですよ」という店員の答えを期待する。

第二に、支配しようとする人は相手をじっと見つめる。視線は相手を威嚇《いかく》し、服従させるための手段となる。ただし、一〇秒以上見つめ続けると相手を不快にさせることがわかっているので気をつけたい。

第三に、ある心理実験から、視線を合わせて話す人は、「信頼でき、快活《かいかつ》で、話しやすい」と見なされることがわかっている。

「じっと見つめる」ことが、好感を与えるというわけだ。

◎米大統領選で明暗を分けた、テレビ討論会でのあること……

いささか古い話だが、一九九二年の米大統領選挙は、民主党のクリントンが共和党のブッシュに圧勝した。

このときのクリントン陣営は、みずからの生い立ちや家族のきずなを強調し、情に訴える選挙戦術をとった。一方、ブッシュ陣営は、政治家としての実績を争点にする、理に訴える選挙戦術で押した。

シェイクスピアの『ジュリアス・シーザー』の中では、シーザー殺しの正当性を理路整然と民衆に訴えたブルータスが、アントニウスの「声涙《せいるい》ともに下る」情に訴えた演説に敗れ去った。

この二つを見ると、理にかなった説得よりも、情に訴えた説得のほうが有効に思える。ただし、心理学の研究からすると、「情に訴えれば、いつも説得力がある」とは断言できない。**言葉以外のものが、相手への印象を大きく左右することもある**からだ。

たとえば、一九八八年の米大統領選挙である。このときは、共和党のブッシュと民主党のデュカキスの争いだった。

アメリカの心理学者トエッツは、全米に放映されたテレビ討論をビデオに収録し、両候補者のまばたきの回数を数えている。

その結果、ブッシュは毎分平均六七回で、デュカキスは七五回だった。ちなみに、通常の状態で、まばたき回数は毎分平均一五～二〇回である。両者のまばたき回数は、平常時の約三～五倍だったことになる。

これはどうしたことか？

まばたきの回数は緊張の度合いと関係する。この結果から、百戦錬磨の政治家でも、テレビ討論では極度に緊張することがわかる。とくに、デュカキスは、ブッシュより緊張していたといえそうだ。

まばたきの多い人は、「神経質で、頼りない人柄」との印象を与える。このことから、まばたきの分析をしたトエッツは、当時、ニューズウィーク誌に、ブッシュ有利という内容の記事を書いている。まばたき回数の多さが勝敗を分けたのかもしれない。

同じ分析で、人工中絶問題の質問に答えるときは、ブッシュが毎分八九回、一方、増税の意思の質問に答えるときは、デュカキスが毎分九二回のまばたきをしていた。

まばたきは、情報処理中は抑えられ、終了すると多くなると考えられている。つまり、質問の意味を慎重に考えているときはまばたきは少なくなるが、回答がまとまったとき、急に多くなるわけだ。

返答するとき、両候補ともまばたきが増えたので、それぞれの問題を真剣に受けとめている、誠実な人物と見なせる。

ただし、まばたき回数が異常に多いことから、ブッシュは人工中絶の問題に、デュカキスは増税の問題に敏感になっていたといえそうだ。

まばたき活用法
「私と結婚する気があるのかしら?」と心配している女性は、彼の目を見ながら、「結婚したいな」と独り言を言ってみよう。彼のまばたきが一瞬止まったあと、異常に多くなったら、「真剣に考えている」何よりの証拠。

◎たとえば〝タイプA〟人間――自分の弱点を隠そうとするから……

歩くのが速い。早口である。椅子の先端に座る。ニッと口を軽く開いて笑う。手足を小刻みに動かす。まばたきが多い。

こうした言動をとる人は「タイプA」と呼ばれている。いつも時間に追われているように感じており、精力的で、攻撃的、敵意をもちやすいのが特徴だ。管理職に多いタイプである。

タイプAの人は、他人と話しているとき、一分間に平均四〇回以上のまばたきをすることがわかっている。これは、通常の人の約二倍の頻度だ。言動が忙しいだけでなく、**「自分の弱点が相手に伝わらないように、まばたきを多くして、自分のまなざしを隠そうとしている」**とも考えられている。

会話のとき、まばたきの多い人は、出世タイプといえそうだ。ただし、異常に多い場合は、単に「緊張や動揺しやすい人」ということになる。

テレビを見ていると、タレントが肩を動かしながら、せわしくまばたきをくり返すことがある。まばたきには心理的な緊張を軽減する働きがあると考えられているが、そう考えると、まばたきを繰り返して、気持ちを落ち着かせようとしていることになる。

また、まばたきは、興奮や怒りが高まったときも回数が増えることがわかっている。

◎〝顔の次に目がいく場所〟でわかる深層心理

人と会ったとき、顔の次に目がいくのは、次のどこだろうか。

①シャツ　②靴　③指

①シャツ——シャツに目がいく人は世話好きである。シャツの形や色、柄、しわや汚れなどに細かい気配りをする人である。「細かすぎて、うるさい人」と思われているかもしれない。

シャツは、肌にじかに着るため、持ち主の魂や心を共有していると信じられている。したがって、シャツを見れば、その人の趣味や人柄がわかってくることになる。**シャツに目がいくという人は、世話好きな人情家**といえそうだ。

ところで、古くからのこんな言い伝えがある。

男性が好きな女性に「シャツをつくってほしい」と頼むと、それは「結婚してほしい」とプロポーズしたことになるのだという。それに応えて、その女性がこの男性のためにシャツをつくってあげると、それはプロポーズを受け入れたことになる。

異性にシャツや下着、ネクタイなど、身に着けるものをプレゼントする人には、こうした深層心理があるのかもしれない。

②靴——靴に目がいく人は金銭に敏感である。靴にお金をかけるのは最高のぜいたく。多くの人が見過ごしてしまう靴に目がいく人は、**靴のよしあしを見て相手の経済**

状態をチェックしているといえる。

靴は権威や権力を意味することがある。エジプトでは、サンダル（現在のイメージと違うが）は貴族の履物《はきもの》だった。つまり、高貴さと富のシンボルだった。

また、靴は愛情や女性自身を意味することがある。古い言い伝えでは、花嫁が花婿にあげる靴には女陰の意味があるのだそうだ。女性が彼に靴をプレゼントすると、「あなたに私をあげます」との意味になるかもしれない。思わぬ誤解を受けないよう要注意。

③指──相手の指先に目を向ける人は生活感があふれている。服装や持ち物などには関心がなく、**指を通して、その人がどんな生活をしているかを知ろうとする**のだ。「お金より心や生活態度が大切」と考える人である。

ところで、指を見れば、その人の性格、人柄までわかるという。

「長い指」の人は心がけが悪く、浪費家である場合が多い。また、子どもでは、音楽的な才能を示すものとされている。

「曲がった指」の人は、少々ひねくれた性格の持ち主。小指が曲がっている人は、死ぬまでにひと財産築くしるし。

男性が女性の手首を握って、指が届いたら、その女の子を愛することができる。

また、女性の指がボキッと鳴ったら、それは恋人がいる証拠。

いずれも迷信の類と一笑に付してしまえばそれまでだが、指にまつわるおもしろい話ではある。

カバンでわかる相手の性格

ショルダーバッグをたすきがけにする人は自己防衛的。ポケットの多いカバンが大好きな人は神経質で几帳面《きちょうめん》。紙袋が好きな人は刹那《せつな》的でオタク的。ブランド志向の人は自信のない権威主義者。ドデカバッグを好む人は対人不安の強いテリトリー志向。アタッシュケース好みは実用派の現実型かハッタリ屋。

2 「男の心理」「女の心理」

——なぜ、こういう見方をするのか?

◎【男と女の対処法①】〝念を押す妻〟と〝生返事を繰り返す夫〟

「女性はしつこい」とか、「女性はおしゃべりだ」とか、「女性はつまらないことをよく覚えている」と、男性が言う。

男性は、なぜ、こんなふうに女性を揶揄《やゆ》するのだろう。

妻は夫に、「～してね」とか、「～を忘れないでね」と何度でも繰り返す。妻は「念を押しておけば、用件の重要さが伝わり、夫はそれをすぐやってくれる」と考えるからだ。

同僚、あるいは上司と部下でも、女性と男性の間では、同じようなやりとりがあるだろう。

ところが実際には、夫（あるいは男性）は頼まれた用件をすぐ片づけようとしない。「妻（あるいは女性）に指図されて、やらされた」と思うとおもしろくないので生返《なま》事を繰り返す。**わざと先延ばしにして、「自分の自由意思でやった」かのようにふるまいたがる**のだ。

こんな駆け引きがあるので、男は生返事を繰り返し、女はしつこく念を押す。

以上は、アメリカの社会言語学者、デボラ・タネンの分析だ。女性であるタネンの分析なので、「異論がある」という男性がいるかもしれない。

これは、男性が横暴なのではなく、実は、自信のない男性が女性にライバル意識を燃やして、「かわいい見栄を張っている」のかもしれない。

男と女の時間感覚

デートで相手を待てる時間は、女性の場合六七分、男性の場合三一分だった（大学生から四〇歳代まで）。この時間感覚の男女差がトラブルの原因になることがある。

◎【男と女の対処法②】彼が突然、怒りだした理由

男女のカップルがドライブしている。

彼女が助手席で、「ねえ。この道、違うんじゃない？」と話しかけた。彼は「いいんだよ」と、ひと言。

彼女は「何となく方向が違うような気がするわ」などと繰り返し、おしゃべりを続ける。

すると彼は、突然、急ブレーキをかけて、空き地に車を突っ込む。

「しつこいな。嫌だったら降りてくれよ！」

また別のケース。

「この数字、ちょっと違うと思うんですが……」と女性の部下が言う。「そんなことないだろう」と、男性上司は口をとがらせる。

オフィスでは、こんなやりとりもあるだろう。

先述のタネンによれば、**女性にとって会話とは、「共通の問題を協力して解決する手段」である。一方、男性にとっては「闘争の一形態」なのだという。**

「違っているかもしれない」という言葉を聞いた男性は、「方向オンチね、とか、注意力のないダメ男ね、と批判された」と解釈する。女性は「何とか力になりたいと申し出ただけなのに、その気持ちが通じない」と憤慨《ふんがい》することになる。

これは、必ずしも「女性より優位に立ちたい」と考える男の習性によるものではない。男と女の間の悪意のないスレ違いや誤解がもたらしたものと考えることができる。

ところで、女性の電話は長い。なぜ、特別な用事もないのにおしゃべりができるのだろう。

男性は「電話は必要なことを伝える道具」と考えている。だから、用件がすめば、すぐ電話を切ってしまう。

女性は「電話はお互いの感情を通い合わせるための道具」と考えている。だから、終わりそうで終わらない長電話になってしまう。

女性の長電話やおしゃべりをからかう男性は、「自分もしたいのにできない」というアンビバレンス（両面価値感情）から、女性に嫉妬《しっと》しているにちがいない。

◎男性の思考は〝抽象的〟、女性の思考は〝具体的〟

男は理数系が得意で、女は文系が得意といわれる。これは、日本ばかりでなく、外国でも同じらしい。

一般に、男性は論理的な理解や推論の能力が優れている。しかし、理数系が嫌いという女性は、男性より計算能力が優れている。

女性は理数系が不得手だといわれるが、具体的な数字には強いというわけだ。

こうした男女の違いから類推すると、**男性は抽象的な事柄に、女性は具体的な事柄に関心をもつ**といえそうだ。

たとえば、同僚が不倫したとき、男性は「なぜ彼は不倫したのか」と、その背景や因果関係などに興味をもつ。

これに対して、女性は、「どこそこのホテルで会っていたらしい、毎週デートしていたらしい、彼女の服装や化粧が変わった」などと、細々と詮索《せんさく》する。

かくして、女性は「理屈っぽくて嫌になる」と男性を揶揄し、男性は「つまらないことにこだわりすぎる」と女性に辟易《へきえき》するというわけだ。

実際には、屁理屈《へりくつ》をこねる男性は、細かいことをよく覚えている女性に対して、「注意力が足りないのかもしれない」とコンプレックスを抱いているのかもしれない。

いずれにせよ、女と男は所詮《しょせん》、「われ鍋にとじぶた」なのだろう。

◯もし相手の女性がこうふるまったとき……

女性が次のようにふるまったとする。そのとき、男性はどうするだろうか。

①女性　何も言わずに、すねる。あるいは、泣く。

男性の平均的な反応「何、すねてんだ」「泣いたって無駄だ」

②女性「そんなことして、私をどれほど傷つけているかわかっているの?」

男性「感情的にならないで、落ち着いて話そうよ」

③女性「あなたのことがわからない。もうどうしていいのか、わからないわ」

男性「もっと客観的になってくれよ」

④女性「どうして、あなたはいつも自分のやり方を押し通そうとするの?」

男性「いつも仕事のことで頭が一杯なんだ」「余裕がないんだ」

思いあたる人がいるかもしれない。これらは私自身の体験ではなく、ある調査に基づいた代表的なケースだ。男と女の思考回路の違いが、互いに「火に油を注ぐ」結果となることがよくわかる。

モテる男性、モテる女性になる秘訣は、こうした常套《じょうとう》手段を使わないことにあるのかもしれない。

トラブルに巻き込まれたとき、男性と女性は、それぞれどんな言動を示すだろうか。ある調査によると次のような結果が得られた。

第一に、男性と女性の回答者の意見がほぼ一致したもの。

①女性のほうが他人に依存しようとする傾向がある。

②女性のほうが傷つきやすい。

③女性のほうが「問題点やお互いの気持ちを理解するために話し合う必要がある」と考えている。

④女性のほうが、パートナー（男性）が自分と一緒に悩んでくれないことに不満を

感じている。

とくに、女性は、③と④を強調している。

第二に、男性が「男性自身の特徴である」と考えているもの。

①パートナー（女性）に干渉されるのを嫌がる。

②仕事に逃げようとする。

③自分は優れた情報をもっており、判断する力があると考える。

要するに、トラブルがあったとき、**女性は「自分を守り、慰《なぐさ》め、力づけてほしい」と望んでいる**ことがわかる。

一方、**男性は自分の能力を過信しており、女性から干渉されるのを嫌い、仕事に逃げてトラブルを棚上げしようとする。**そこで女性は「どうして、もっと早く私に話してくれなかったの」と、トラブルの傷口を大きくしてしまった夫や恋人を責めることになる。

男と女といっても千差万別。ワンパターンの対応は禁物だが、口げんかがきっかけで破局を迎えることもあれば、新しい恋や、以前とは違う人間関係が芽生えることもあるかもしれない。

トラブルの処理次第では「禍《わざわい》を転じて福となす」ことができるというわけだ。

遅刻魔の理由

美貌の大女優だったエリザベス・テーラーは、アカデミー賞の授賞パーティーに四〇分も遅れた。遅刻魔としても有名な彼女は「従属の効果」（待たせる人は待つ人より優位な立場にあるとみなされる）を利用して、自分の価値をアピールしていたのだろう。デートの遅刻魔には、こんな心理が働いているのかも。

3 ボディ・ランゲージ

――「肉体」はこんなに正直者

◎差し出された手――「右手」か「左手」かによって意味が変わる！

ところで、ものを受け取ったり、差し出したりするとき、右手・左手、どちらの手を使うだろうか。

手は、支援や支える力、行動、耕作や家事、支配や権威、保護などの象徴である。また、「胸に手を当てる」と礼節を、「両手を合わせる」と結合や結婚を意味する。

とくに、右手には「男性的、理性的、論理的、攻撃的」な意味がある。一方、左手は「合理的でない、女らしい」「弱さ、衰亡、死」を表すとされている。

利き手の問題はあるが、**右手を出すと力強さを、左手を出すと弱々しさや不吉な印象を与える**可能性はある。

「転ばぬ先の杖《つえ》」として、右手を使うのが賢明だ。

◎「肩」の表情――このポーズをどう読む？

「肩で風を切る」「肩を怒らす」「肩を並べる」「肩を張る」は、いずれも胸を張って、堂々としていて、肩身が広い様子。反対に、「肩で息をする」「肩を落とす」「肩をすぼめる」は、意気消沈して気勢が上がらないので、肩身が狭い様子。

「肩にかかる」は、緊張と不安が交錯するが、「肩の荷が下りる」と、ほっと一安心である。

そして、「肩を入れる」「肩を貸す」「肩を持つ」、これで肩身が広くなる。

「肩が凝《こ》る」と聞いて、「肩凝り」を連想するという人はオジン・オバン予備軍。一方、「緊張や堅苦しさ」を連想する人は異性と話すのが苦手という初《うぶ》な人では？

肩にまつわる言葉が、こんなに多いとは驚きである。

ところで、**肩を丸めると、心理学的には負けや譲歩のポーズになる。**

たとえば、廊下の両側で、二人が向かい合って立ち話をしているとき、その間を通り抜ける通行人の行動を観察してみよう。
するると、通行人は、頭を下げたり、視線を下に向けたり、軽く目をつぶったりして、二人の間を通過した。これらは譲歩のポーズである。通行人は肩身の狭い思いをしていたことがわかる。

他人の面前を通るとき、「失礼します」と言って、体を小さくするのは、恐縮を意味する身体言語なのである。

また、小学生がけんかをしている場面を観察したところ、負けたほうの子どもは、背を縮める、頭を下げる、腰をかがめる、跪《ひざまず》く、靴ひもを結ぶなどといったポーズをとった。

進化論の提唱者ダーウィンは、肩をすぼめて自分の体を小さくするのは、譲歩を示す姿勢で、相手の攻撃を抑制する効果があると述べている。

◎雑踏の中で他人とすれ違うとき、胸を向けるか、背中を向けるか

かつて、都内の雑踏の中で他人とすれ違うとき、胸を向けるか、背中を向けるかと

いう調査が行なわれた。

それによると、四〇代の男性は、二〇~三〇代の若い女性には胸を向けてすれ違うが、四〇代の女性には背を向けてすれ違うケースが多かった。

一方、二〇~三〇代の女性は、四〇代の男性には背を向けてすれ違うケースが多かった。ちなみに、三〇代以下と五〇代以上の男性に対しては、きわだった違いは見られなかった。

胸を向けてすれ違うのは「相手を観察したい」とか、「情報を発信したい」という気持ちの表れと解釈されている。逆に、**背を向けるのは「関係を遮断したい」との意思表示**ということになる。

この調査によると、中年男性は若い女性の背に向けて情報を発信していることになる。背中で拒絶されたほろ苦い体験がトラウマ（精神的外傷）になり、「若い女性を目前にすると背を丸めてしまう」という中年男性が出現するかもしれない。

日ごろ、多くの男性は若い女性には肩身の狭い思いをしている。だから、狭い通路で男性に出合ったら、女性は胸を向けてすれ違ってほしい。それだけで「出血大サービス」になるからだ。

公衆浴場で、先客がいない浴槽に入る男女を観察すると、男性の約八〇%は洗い場に向かい、女性の約五〇%は壁に向かった。

二人目となる男性は、先客の右斜め後方に入る割合が二九%、左真横が二六%で、左斜め後方が一九%だった。同じく女性は、先客の左真横および真後ろに入る割合がそれぞれ四〇%で、右真横が二〇%だった。

つまり、男性は洗い場が見渡せる位置に陣取り、先客の右手側を避け、背を見せないでお湯につかる人が多い。男性は「敵に背を向けない」という闘争本能から、肩身の狭い思いをしてお風呂に入っているわけだ。

一方、女性は洗い場に背を向け、他人との位置関係には無頓着《むとんちゃく》で、肩身が広い思いをしてお湯につかる。だからこそ、女性は愛する男に背を見せ、熱き抱擁《ほうよう》へと誘うことができるのだ。

◎ウソのサイン――隠しきれない、こんな態度、こんなしぐさ

ディスカウントショップでの、ある一コマ。

「その広告の品は、売り切れてしまいました」と、店員がお客さんに言いながら、指先で鼻の頭をこする――これはウソのサインである。

倉庫に商品を探しにいったふりをして、そのまま何もしないで戻った店員は、かゆくもないのに鼻の頭をこすりながら、ウソの言い訳をする。

ウソはうまくついたつもりでも、必ずどこかにしっぽを出している。このことを肝に銘じておいてほしいものだ。

会話のなかで、話し手のウソを見抜くのはむずかしい。しかし、少し注意して見ていると、「この話はウソですよ!」と、冒頭の店員のように聞き手にこっそり教えている。

いくつかの心理実験から、ウソを見抜くポイントを選んでみたので、その秘訣を紹介しよう。

◎会話のやりとりに出るウソ

【その1】ウソをつかなくてはならない場面が近づくと、会話がとぎれないように敏《びん》捷《しょう》に応答するようになる。

気まずい沈黙が続くと、ウソがバレるのではないかと不安になるからだ。

【その2】 ウソをつかなくてはならない場面が近づくと、応答に柔軟性がなくなり、手早く、短く話そうとする。

ウソをつくことに気を取られ、相手の話に柔軟に対応しきれなくなるからだ。

◎しぐさや動作に出るウソ

【その1】 ウソをついている人は、手を握ったり、ポケットに手を入れたり、相手から見えないところに手を隠したりしようとする。

手の動きを通して、無意識のうちに自分の本心を相手に伝えてしまうのではないかと考え、手の動きを抑えたり、隠したりするしぐさが多くなるからだ。

【その2】 ウソをついているときは、手で鼻や口、あるいはその周辺を何気なくさわるしぐさが増える。

これは、口を隠すためのカムフラージュであり、自分の言動をおおい隠そうとの無意識の行動である。

その他、ウソをついているときのしぐさとして、下あごをたたく、唇を押し出す、頬《ほお》をこする、眉毛を引っかく、耳たぶを引っ張る、髪の毛にさわる、といった不自然な行動が観察されている。

いずれも、自分の体にさわることによって、ウソをついている不安や緊張感をやわらげようとする行為だ。

【その3】ウソをついているときには、もじもじして姿勢を変えようとするなど、体全体の動きが多くなる。

これは、「早く、ほかの場所に逃げ出したい！」という切実な気持ちを抑えるしぐさである。

たとえば、貧乏ゆすりは、歩き出すためのウォーミングアップであり、その場から立ち去りたいとのボディ・ランゲージだ。

【その4】ウソをつかなくてはならない場面が近づくと、笑いが少なくなり、うなずきが多くなる。

うなずきを多くして聞き役にまわれば、ウソがバレにくいと考えるからだ。

【その5】女性がウソをつくときには話し相手を凝視するが、男性は視線が合うのを避けようとする。

なぜ男女で違うのかは不明だが、ウソをつくときに限らず、一般に、女性のほうが相手と視線をよく合わせて話すことがわかっている。

ウソを科学する

ポリグラフ（ポリはたくさん、グラフは記録装置の意味）はウソを発見するための精神生理学的虚偽検出装置のこと。ＧＳＲ（皮膚電気抵抗反応）は、指に微電流を流しておき、ウソをついて発汗すると電気抵抗が変化する原理を利用したものである。ウソをついたときには呼吸停止や呼気時間が増加する。さらに、ウソをついたあとに血圧が急激に低下する。

◎「ホンネは顔に出る」は大きな誤解

「ソレ、本当のことなの？」と言って、じっと話し手の顔（表情）を見る。

人は「顔にホンネが出やすい」と考えているので、「顔だけには、それを出すまい」とポーカーフェースを装う。だから、実際には顔を見てウソを見抜くのはむずかしい。

前に紹介したように、手や体全体のパフォーマンスに注目すれば、ウソは見抜きやすくなるはずだ。

ところで、**電話より直接会って話したほうが、相手をだましやすい**ことがわかっている。

電話だと話に集中できるので、矛盾や間違いに気づきやすい。ところが、面と向かうと、話し手のしぐさや動作に惑わされ、話の理解がおろそかになるからだ。

「まゆつばものかな?」と思ったら、まず話し手のパフォーマンスに注目する。

次に、後日、電話で話の内容を確認する。これがウソを見抜く秘訣だ。

COLUMN 1

「思い出せない」とは言わせない！

アメリカの心理学者ミラーは、7という数字をマジカル・ナンバーと呼んでいる。

7は日常生活の中でもなじみのある数字。野球の7回の攻撃、スロットマシーンのスリー7などはラッキー7の代表だ。イギリスの経済学者で、論理学者のジェヴァンスは、いろいろな数の豆粒を箱の中に投げ込んだとき、ひと目で、正確に数えられる個数を調べている。

正解率は、四個までだと一〇〇%で、七個になると約七五%になった。八〜九個になると、正答率が五〇%台に低下した。

なくて七癖《くせ》、七度尋ねて人を疑え、親の七光り、七転び八起き、そして、『七人の侍《さむらい》』という映画もある。

七は「ひと目で覚えられる上限の数」といえそうだ。

ところで、八百屋《やおや》、八百長《やおちょう》、大江戸八百八町、百八の煩悩《ぼんのう》、傍目八目《おかめはちもく》、などの言葉がある。八という数には「数えられないほどたくさん」という意味が込められているようである。

なお、三人寄れば文殊《もんじゅ》の知恵、石の上にも三年、三度尋ねて人を疑え、などといい、三には「最小限の数」という意味がありそうだ。

また、五教（仁・義・礼・智・信）、五つの障《さわ》り、五つの罪、五穀《こく》（米・麦・粟《あわ》・稗《ひえ》・豆）、五つの不孝などの言葉があるが、五とは、ひと目でわかる十分な数といえる。

★七・五・三にまとめる

52894703——この数字をゆっくり読んで一度で記憶できるだろうか。

これは、知能テストの精神年齢一四歳以上の問題に相当する。

八桁の数字は簡単には覚えられない。だが、5289−4703と、区切り（チャンクと呼ぶ）を付けると、記憶しやすくなる。東京23区内や大阪の市外局番06地域の電話番号は5289局の4703（架空の番号）となっているので、比較的覚えやすいといえる。

俳句や短歌は、五・七の言葉でつくられているので覚えやすい数だし、チャンクとして記憶しやすい構成になっているわけだ。

プレゼンテーションで説明するときには、ポイントを三項目、あるいは七項目にまとめるとわかりやすくなる。

ジェヴァンスの実験からもわかるように、三項目なら全員がひと目でわかる。七項目になると、四分の一の人はわからないことになるので、ていねいに説明する必要があるだろう。

★記憶力を高めるコツ

その① リハーサル効果――完全に記憶したことでも、一日たつと、たとえば、数字のような単純なものでは三〇%しか覚えていないことがわかっている。記憶が薄れないうちにもう一度記憶し直すと、リハーサル効果が働いて、その記憶が確かになる。

その② エピソード記憶――数字や人の名前は覚えにくいので、エピソードと一緒に記憶するようにする。数字の語呂合わせ（四一二六＝ヨイフロ）や、こじつけ（神奈川県の渋谷さん）をすると思い出しやすくなる。

その③　フラッシュバルブ（閃光電球）記憶——劇的で、感動的な出来事が、そっくりそのまま、写真のように焼きつけられる記憶のことだ。

こうした記憶は、年配者になっても、昔の写真を見たときのように、人の名前、場所、日時などをはっきり思い出すことができる。

自分にとって、本当に重要なことは忘れないもの。もの覚えの悪さを気にしている人は、「重要でないことだから忘れた」と気楽に構えたらどうだろう。

第2章

はじめの1分間、最後の1分間

――そのとき、相手の心に変化が起こる！

1 相手の心を強烈に刺激する「言葉の魔術」

◎たった一字で気持ちを伝えた〝世界一短い雄弁な手紙〟

「？」（問い合わせ）
「！」（返事）

これは世界一短い手紙の文面である。適当な言葉を補って遊んでください。

「？」（「原稿まだですか？」編集者）
「！」（「できました！」著者）
「？」（「まだ？」トイレの外）
「！」（「出た！」トイレの中）

ビクトル・ユーゴーは、出版社に『レ・ミゼラブル』の評判を問い合わせるとき、「?」の手紙を出した。

これが有名な世界一短い手紙だ。

そして、出版元から「!」の返事がきたのである。

「?」(クエスチョンマーク)には、「本の評判や売れ行きはどうですか?」と心配している著者の心情が込められていた。

一方、「!」(エクスクラメーションマーク)には、「順調に売れています!」という出版元の喜びの気持ちが込められていたのである。

ユーゴーは、自分の書いた本が「売れていますか?」と問い合わせるのは、あまりにも商売的すぎると考えたのだろう。このような手紙であれば、ユーゴー自身の心情や人柄がよく伝わり、この手紙を受け取った出版元は嫌な思いをしなかったにちがいない。


「?」と「!」だけで気持ちが通じる関係になれれば最高だ。

◎なぜ、その偽装工作はバレてしまったのか？

古い映画だが、アラン・ドロン主演の映画『太陽がいっぱい』のなかで、ドロン扮する貧しい青年が、自分の殺した男性がまだ生きているかのように偽装工作するシーンがある。

この青年は、タイプライターで書いたラブレター（サインはまねをした）を、その男性の恋人に送ったが、その手紙を受け取った恋人は「つめたい人だわ」とつぶやいたのだ。

タイプの手紙に「恋人の愛が感じられなかった」からである。彼女は「本当に、彼からの手紙だろうか」と疑ったにちがいない。

「自分にとって、きわめて大きな価値がある」とか、「自分の尊厳にかかわる」と考える事柄に対して、私たちは深くコミットメントする。こうした事柄には、自我関与の程度が大きくなるわけだ。

トルコ生まれで、アメリカで活躍した社会心理学者シェリフは、社会的判断理論を提唱している。これは、自我関与が大きいほど受容域が減少し、逆に拒否域が増大するというものだ。

たとえば、最愛の相手（つまり自我関与が大きい）に対する受容域は狭いので、相手からのそっけない手紙では、それを受け入れることができない。逆に、拒絶的な気持ちが増加する。

「なんで、こんな手紙をよこしたのか」と、激しい怒りがこみあげ、その手紙を破り捨てるかもしれない。もし、ダイレクトメールだったら、そんな気持ちにならないはずだ。

パソコンが普及し、市販のポストカード類がたくさん店頭に並んでいる昨今だからこそ、下手でもいいから、手書きの手紙を送ったほうがいいといえる。とくに、自分の手紙を心待ちにしている人に対してはなおさらだ。

手紙だけでなく、伝言やお店の案内状にも、この理論があてはまる。好意をもっている人や顧客の自我関与は高いので、受容域が狭くなっている。だから、**「相手が望むようにふるまわないと、気に入ってもらえない」**のである。

自我関与の高い相手は、とてもありがたい存在なのだが、それだけ扱いにくい相手でもある。

このような相手には、「あなただけを特別扱いしている」という働きかけが不可欠なのである。

ここでひとつ、ご忠告。

ラブレターや怒りの手紙は、ひと晩寝かせてから、翌朝ポストに入れよう。ハイテンションで書いた手紙は、落ち着いてから読み返してみると、赤面モノであることが少なくない。

いらぬ恥をかかぬようにしたいものだ。

◎ざわつき始めた会場を瞬時に静かにさせたひと言

話し手が熱弁をふるえばふるうほど、聞いている側はますますシラケてくることがある。自分は得意満面で話していても、これでは聞き手の気持ちをつかむことはできない。

その昔、話術の名人といわれた故徳川夢声《とくがわむせい》さんは、次のような話し方のポイントをあげている。

①一人だけでしゃべってはいけない。
②いばりかえってはいけない。
③お世辞や毒舌が過ぎると、相手を不愉快にさせる。
④泣き言や自慢話はタブーである。
⑤賛成ばかり、反対ばかりでは、対話にならない。
⑥敬語はきちんと使わなくてはならない。

いずれも、「言われてみれば、当然」といえるものばかりだ。しかし、「当たり前のことがなかなかできない」というのが現実だ。

対話とは、言葉のキャッチボールである。**相手の立場、興味や関心などを配慮する思いやりをもって行なうことが大切**だろう。

次は、島崎藤村《とうそん》が故郷の神坂小学校で講演したときの話だそうだ。

「何の話をするのだろう」と興味津津《しんしん》で集まった聴衆の前に立った藤村は、壇上に上がっても、うつむいたままで何もしゃべろうとしない。

しばらくすると、会場がざわつき始めた。このときを待っていたかのように、藤村はゆっくり、しかも低い声で、次のように話し始めた。

血につながるふるさと
心につながるふるさと
言葉につながるふるさと

この瞬間、場内はしんと静まりかえったそうだ。これに続けて藤村は、「私は『春』という言葉の意味がわかるまで十年費やしました」とつけ加えた。しばらくすると、場内のあちこちから、すすり泣きが聞こえてきたという。

◎劇的効果が得られるアンチクライマックス法

藤村の話はちょっとオーバーかもしれないが、人々の心に訴える話をするには、話すタイミングが大切である。説得力を増す話し方には、二つの方法が考えられる。

第一は、クライマックス法で、もっとも言いたいことを最後に話すという方法だ。これは、最後に話を盛り上げ、聞き手に余韻《よいん》を残すオーソドックスな方法である。相手に聞く気があるときに効果的だ。

第二は、アンチクライマックス法で、最初に言いたいことを言ってしまう方法だ。相手に聞く気がないときには、最初に重要なことを言ったほうが効果的である。

「義理で聞いている」ような、聞く気がない相手には、最初に相手の興味を引く話をして、言いたいことを一気に話したほうがいいというわけだ。

藤村は、聴衆が聞く姿勢になるまでじっと待った。聴衆の間に「聞きたい」という気持ちが広まったところで、言いたいことを一気に話した。

興味本位の聴衆を聞く気にさせて、アンチクライマックス法で話したといえる。

最後に、話し上手になる三つのポイントをあげておこう。

①自分が話しているときには、聞き手の様子をよく観察すること。うなずく、視線を合わせる、などの反応があったら、さらに話し続けるとよい。

②同時に話しだそうとしたら、相手に話をゆずること。話を取ってしまうと、「自分のほうが立場が上である」と誇示することになるからだ。

③聞く気のない相手には、まず最初に、興味や関心をもってくれそうな話をして、相手を対話の土俵に引っ張り込む必要がある。また、大切なことや言いたいことも、最初に話したほうがいいだろう。

沈黙の効用

第一六代アメリカ大統領のリンカーンは、話の最中にしばしば黙ったそうである。相手の心に強く印象づけたい話をする前になると、体を乗り出して、相手の目を一瞬じっと見て、黙ってしまう。それから、おもむろに大切な話をした。

また、自分が強調したい話をしたあとにも沈黙した。聞き手の関心を引きつけるために沈黙を利用したのだ。

◎カクテルパーティー効果——聞こえる話、聞こえない話

「お願いします」「ちょっと、すみません」などと、客がいくら声をかけても「知らん顔」の店員がいる。

本当に聞こえないのなら仕方がないが、「聞こえないふりをしているのではないか」と疑いたくなるときがある。

騒がしくても、忙しくても、遠くにいても、気配くらいは感じるはずだ。ちょっと顔を上げて、目で会釈《えしゃく》するだけでも、客の気分はやわらぐはずなのに、それができない。

「ふるさとの　訛《なまり》なつかし　停車場の　人ごみのなかに　そを聴きにいく」

これは、石川啄木《たくぼく》の歌の一節だ。駅の雑踏のなかで人の声を聴き取るのは至難の業《わざ》である。しかし、啄木がうたったように、聴きたい人の声は聞こえてくるから不思議だ。

欧米人はカクテルパーティーを好み、よく催すが、その会場は概して騒がしい。しかし、会場がどんなにうるさくても、話したい人とは話をすることができる。こうしたことから、この現象をカクテルパーティー効果と呼んでいる。

つまり、たとえ騒がしくても、「どうしても聴きたい」と注意すれば、その声を聴き取ることができ、逆に、注意をそらすと、その声は聴き取ることができなくなるというわけだ。

ところで、パーティーの様子をビデオカメラで撮影したらどうなるだろう。

画面はきれいに撮れるかもしれないが、会場ではよく聞こえた来賓の挨拶《あいさつ》などは、周囲の雑音にかき消されてしまい、聴き取りにくいはずだ。

このようなことから、パーティー会場では、このカクテルパーティー効果が働いていることがわかる。

声が小さすぎるわけでも、周囲がうるさいわけでもないのに、**「えっ、何ですか?」と繰り返し聞き返す人のホンネは、「聞きたくない」か「興味がない」**のである。

たとえば、上司がこんな部下にいくら注意しても「馬の耳に念仏」だ。注意したり、指示したりするときには、あらかじめ相手を聞く態勢にさせる必要があるだろう。

◎〝聞く耳をもたない〟人間を動かす法

ヘッドホンをつけて、両耳に、まったく別々のメッセージを流して聞かせ、どちらか一方のメッセージを声に出して復唱させる。こんな心理実験がある。

これは追唱と呼ばれるものだが、たいていの人は、一方のメッセージに注意を向けると、他方のメッセージの内容はわからなくなってしまう。せいぜい、その声の主の性別や会話の調子しかわからないのが普通だ。

ところが、注意を向けていないほうのメッセージの中に、これを聞いている人の名前を入れると、その人の注意が自動的に、そちらのほうに向けられる。

たとえば、手伝ってほしいとき、「ちょっと手を貸して！」と叫んでも、ほとんどの人は来てくれない。「渋谷さ～ん、ちょっと手伝ってください」と、できるだけ甘い声で、名ざしで呼びかければ、即座に駆けつけてくれるだろう。

「聞く耳をもたない」人間を動かすには、まず、その相手の名前を呼んで、注意を向けさせる必要があるわけだ。

騒々しいパーティー会場で、だれか特定の一人と話したいとき、どうするだろう。その相手の声がよく聞こえるように、耳の位置を調整するにちがいない。これを聴覚的定位と呼んでいるが、耳が二つあるからできるのだそうだ。

ある実験によると、異なるメッセージを伝えるラウドスピーカーが一〇～二〇度離れていれば、それぞれ選択的に聴き取れることがわかっている。

実際には、頭全体が話している相手のほうに向けられ、視線が合うような状況であれば、相手は聞く態勢にあると判断できる。そうでなければ「蛙《かえる》の面《つら》に小便」なのである。

聞かせる態勢をつくるには、どうしたらいいのだろう。一つには幼稚園の先生のように、両手を「パン、パン」と打って、頭と顔を振り向かせてから、大切な話を始めるという手がある。

人間の耳は、聞く気がないときには聞こえない、というのであるから、実に扱いにくい代物《しろもの》だ。

猫に鰹節《かつおぶし》、人に……

「猫に鰹節」のたとえがある。これは、過《あやま》ちが起こりやすいとか、危険であるとの意味だが、聞く耳をもたない人間には鰹節をちらつかせて、その気にさせるという手がある。鼻の下を伸ばす男性には女性が交渉にあたる。金の亡者には金儲けの話をする。相手のニーズに合わせて交渉したり、話題を提供したりするのがコツである。

2 知らないうちに好意・信頼を生み出すテクニック

◎好きにさせる、このちょっとした〝言い回し〟

映画評論家の故水野晴郎《はるお》さんは、テレビ映画の解説を終えるとき、「いや〜、映画って、本当にいいものですね。それでは、みなさん、また、お会いいたしましょう」としめくくっていた。

かつて、やはり映画解説者の故淀川長治さんが、手をニギニギしながら、「またお会いいたしましょうね。それでは、さよなら、さよなら、さよなら」とやった。このパフォーマンスは大評判になった。

二人の解説がおもしろいということのほかに、「また、お会いいたしましょう」という言葉が人気を高めたと考えられる。

さて、次のような言い回しをすると、好感度が高まることがわかっている。

第一に、「また、お会いしましょう」と言うと、「また、お会いしなくてはなりませんね」と言う場合より、好感度が高くなる。「お会いしなくてはなりませんね」と言うと、本心からではなく、義務感からそう言っていると思われてしまう。

第二に、「私たちで〜」と言うと、「あなたと私で〜」と言う場合より好感度が高くなる。「私たち」という言葉からは、いわゆる「われわれ意識」が感じられるので、二人の仲間意識が強調されるわけだ。

「この件については、私たちで何とかしましょう」と言えば、「私たち二人が協力し合って、この問題を解決しましょう」と聞こえるわけだ。

近接度という言葉がある。これは、話し手とその会話内容との隔たりを表す用語だ。たとえば、**相手との心理的距離を近づけたいときには、距離を近づける言葉を使って、近接度を高くする。**

近接度の高い表現は親密さや好意を示す。逆に、近接度の低い表現は忌避《きひ》や悪感情を表す。たとえば、次のような例があげられる。

第一に、「マユミさんが好きです」と言うと、「彼女が好きです」と言う場合より、近接度が高くなる。

第二に、「私は、マユミさんに会いたい」と言うと、「マユミさんに会わなければなりません」と言う場合より近接度が高くなる。

第三に、「私たちは、いい関係にある」と言うと、「いい関係にあった」（過去形で語る）と言う場合より近接度が高くなる。

第四に、「うまくいくと、私は思います」と言うと、「うまくいくと、あなたは思うでしょう?」と言う場合より近接度が高くなる。

言葉づかいをちょっと変えるだけで、二人の関係を近づけたり、逆に、遠ざけたりすることができるわけだ。

好かれる理由

淀川長治さんは八九歳の長寿だった。「これまで嫌な人に会ったことがない」「どんな映画にも、どこかにいいところがある」などの語録がある。こんな淀川流の言い回しが、たくさんの映画ファンに好かれた理由である。

◎名前を呼ばれてうれしいとき、不快に思うとき

あるカントリークラブの受付をしている女性は、受付をすませていく客の顔と名前をその場で覚えてしまう。一日に平均八人で、今まで何千人もの名前を覚えているという。

久しぶりに訪れた客に、名前を呼んで声をかけると、「えっ、覚えていてくれたの。うれしいね！」と話がはずむそうだ。

この女性のように、名前を入れて話すと、相手を喜ばせることができる。しかし、これも程度問題だ。こんな心理実験がある。

ある男性が、初めて会った女性と一五分間話をする。この間、男性が六回以上、相手の女性の名前を呼んだとしよう。そうしたところ、この男性は、相手の女性から「欺瞞《ぎまん》的で、なれなれしくて、よい印象を与えようとしすぎる」と評価された。

初めて会った相手の名前を二〜三分に一回も呼んだら、かえってマイナス印象を与えるというわけだ。

スーツを買った店からハガキの挨拶状をもらったとき、短い文面の中に自分の名前

が四回も五回も書いてあったら不快な気持ちにならないだろうか。これも同じ心理といえる。

日本は名刺社会である。**名刺の交換をしたら、そのときだけでもいいから、相手の姓名を覚える習慣を身につけておこう。**

初対面の相手であっても、「いかがですか」と言うよりも、「長嶋さん、いかがですか」と言ったほうが、親近感がわくからだ。

好感度の高い言葉や近接度を高める表現を使うのが上手な人は、「また会ってみよう」と相手に思わせる。会って、話をすると楽しいので、また会いたくなるという次第だ。

難読の名前を呼ぶ効用

たとえば、三枝、薬袋という名字は山梨県に多い。「さえぐさ」、「みない」と読むが、難読の姓名を正しく呼ぶと喜んでもらえる。前もって正しい読み方を確認しておこう。

◎一分間の演説で心をつかむ「ルーズベルトの話術」、その秘密とは？

第三二代の米大統領フランクリン・ルーズベルトは、ニューディール政策でアメリカ経済を立て直し、第二次大戦時は連合国の最高責任者として活躍した。

彼がアメリカ大統領として異例の四選を果たした人気の源は、わかりやすくて感銘深い演説にあったといわれている。ルーズベルトは、一分間の演説のために、一時間かけて原稿を書き上げたそうだ。

話すことに不安があったり、自分が十分に理解していないようなむずかしいことを話さなければならないとき、あるいは話しにくいことを話さなくてはならないときには、その動揺が表に出てしまう。

こんなときには、同じ言葉を繰り返したり、言葉の一部をすっとばしてしまったり、話し始めたことを途中でやめたり、言い間違えをしたりしやすいことが確かめられている。

一方、自信がある人の話し方は、声が大きくて、休止時間が短く、スピーチ速度が速いことがわかっている。

しかも、**確信をもって話している人は、熱心で力強く、活発で、有能で、支配的で、自信があると評価される。**

じっくり時間をかけて練り上げた原稿に基づいて話すルーズベルトの演説は、確信に満ちていたはずである。

自信や確信に満ちあふれた演説は、いやが上にもルーズベルトの人気を高めたにちがいない。

説得力のある話し方をしたいのなら、次の三点を心がけよう。

①説得力は話し手の自信から生まれる。日ごろから、多方面にわたる知識を十分身につけておくこと、いろいろなトラブルの原因をよく理解しておくことなどが、自信をもった話しぶりに結びつく。

②大きくて、はっきりした声で、なめらかに話すと、熱心で、自信のある有能な人間だと見なされる。信頼できない人の話には説得力がないはずだ。

③四〇〇字詰の原稿用紙一枚分を一分強で読む練習をすると、説得力のあるスピーチ速度がつかめる。このスピードで、ときには比喩《ひゆ》をまじえて話すと説得力が増すことがわかっている。

より聞きやすく、よりわかりやすい、説得力のある話し方を、自分の個性に合わせて考案したらどうだろう。

◎おしゃべり療法――「言いたいことを好きなだけ言う」効果

デパートの店員が、額の汗をふきながら、せわしなく、手で顔や髪の毛をさわったり、揉《も》み手したりしながら、何やら一生懸命、客に説明している。どうやら苦情を持ち込まれたらしい。

人間は困ったり、驚いたり、心配したりしたとき、なぜか、手で顔や髪の毛にさわったり、腕組みしたり、手を握り合わせたりする。

これらは、手で自分の体にさわって安心感を得ようとする行動なのだそうだ。子どものとき、親に抱いてもらったり、手を握ってもらったりして安心した経験の名残だともいわれている。

苦情を持ち込まれたとき、多くの人は「とにかく、こちらの事情を説明して、納得してもらおう」と考える。しかし、場合によっては、その苦情をじっくり聞いてあげれば、それですんでしまうこともある。

言いたいことを好きなだけ言うことには、三つの効果がある。

第一に、話しているうちに、自分は何を問題にしているのかがはっきりしてくる（これは「洞察《どうさつ》」と呼ばれる）。場合によっては、「たいした問題ではない」ということに気がついたりする。

第二に、話すことで気持ちがすっきりする（これは「浄化《じょうか》」と呼ばれる）。言いたいことを言ってしまうと、「もうどうでもいい」という気持ちになることがある。

第三に、じっくり話を聞いてくれた相手に好意をもつことができる。

つまり、苦情を言う人の話を遮《さえぎ》って事情説明をしようとすると、「火に油を注ぐ」ことになる。不満の油を完全に燃やしてしまえば、憤《いきどお》りは自然に収まるというわけである。

嫌みを言われても、知人とおしゃべりするような感覚で、じっくり話を聞いてあげる。とにかく、**相手におしゃべりさせて、気持ちをなだめるのが説得の第一歩**なのだ。

もう逃げられない

最近は見かけないが、対話で買わせる「バナナのたたき売り」という商売があった。バナナのたたき売りは威勢のよい、おもしろい口上《こうじょう》で通行人の足を止める。人だかりができたら、買い手をおだてたり、けなしたり、からかったりして、対話の輪に誘い込む。こうなると、お客はひやかしで逃げることができなくなるというわけだ。

◎ブーメラン効果——だから「二人だけでじっくり話しましょう」

「ブーメラン」は「く」の字に曲がった木製の投げ具である。上手に投げると、回転しながら飛行し、曲線を描いて手もとに戻ってくる。狩猟や儀式に使われたという。

こうした特徴にちなんだ「ブーメラン効果」と呼ばれる現象があり、次のようなものをいう。

説得しようとすればするほど、相手は自分の意見にこだわるようになったり、あなたと反対の方向に離れてしまったりすることがある。

場合によっては、相手に抵抗されると、説得しようとする人自身が前よりも自分の意見にこだわるようになることがある。

いわば「やぶへび」になる説得は、どんな場合に起こるのだろう。

第一に、説得に応じると、相手が利益を得ることが明らかであるときや、応じた自分の利益に反することが予想されるときがあげられる。

「これで勘弁してください」と説得しても、明らかに店が得するだけで、客は泣き寝入りせざるをえないというのであれば、こんな説得に応じる人はいないだろう。自分の利益を優先する説得は禁物である。

第二に、激しく攻撃されたり、強い苦痛を味わわされると、説得への抵抗が強まる。罵声《ばせい》をあびせたり、なじったりすれば、気分がいいかもしれないが、問題はさらにこじれる。感情的になったら、説得できないであろう。

第三に、選択の自由が制限されると、制限されたものに魅力を感じるようになる。「困りましたね。こんなときには、AとBという方法がありますが、当方では、Bでお願いしています」と説得すると、ダメだといわれたAのほうに、前よりもっと強く引かれるようになる。選択の余地がないような説得はしないほうがよい。

第四に、公的な場で意見を述べたあとで説得されると、以前からの態度をいっそう強めざるをえなくなる。

相手がおおぜいの前で自分の意見を主張したあとで、その意見を変えさせるのはむずかしい。**説得がむずかしそうだったら、他人がいないところに呼んで、「二人だけでじっくり話しましょう」と説得するのが賢明だ。**

本当のねらいは……

理屈で売る店頭販売。ナベや包丁を売る人の語り口は冷静で、論理的である。客がいてもいなくても、淡々とその効用を語り続ける。客がついても積極的に売り込みはしない。客が「なるほど」と納得するまで説明を続け、買い手がついたら、一気にたくさんの客に売る。

◎ここぞというときの〝ゴマすり〟は効果的！

ゴマすり（胡麻擂《す》り）という言葉には、独特なマイナス・イメージがある。

ある辞書には、「自分の利益をはかる」ためにゴマをするとある。一般的にはこうしたイメージでとらえられているだろう。

心理学では、故意に、あるいは、何の魂胆《こんたん》もなく、特定の人の好意を得ようとする試みを、「取り入り」とか、「迎合行動《げいごう》」と呼んでいる。これがゴマスリだと考えられる。

ゴマスリには四つのタイプがある。

その第一は、お世辞《せじ》を言うことで相手の自尊心を高めるというタイプ。

「さすが、お詳しいですね」「着眼点がすばらしい」などと言われて気分を悪くする人はいないだろう。

ただし、お世辞を言う人は、「私にはあなたを評価する能力や器量がある」と、暗に、相手に自分の能力を語っていることにもなる。他人を評価できるだけの力がないのにお世辞を言うと、逆効果になるので要注意だ。

第二は、相手の意見に同調するというタイプ。

「おっしゃる通りでございます」「私もそう思っておりました」と同意する。

ただし、相手が言ったあとに同調するより、相手が言う前に賛同意見を述べたほうが、相手により好かれることがわかっている。

相手の意見や態度がわかったら、相手が言うより先に、自分も同じ意見や態度であることをアピールするのが賢明なやり方だ。相手が意見を言ってからそれに同調すると、「下心がある」と勘ぐられる可能性が高い。

第三は、親切にするというタイプ。

「これをお使いください」「あれをお取りいたしましょうか」などと、あれこれ気配りをして、親切にする。

この親切が、明らかに営業用であったり、よけいなおせっかいであったりすることが見えてしまうと、かえってマイナスになる。「あなただから、特別親切にしている」との気持ちが伝わるような親切さが大切。

第四は、自分をＰＲする、あるいは逆に、自分を卑下《ひげ》するというタイプ。自分の能力や魅力をアピールすることで相手の歓心を買う。

「私は、この仕事を何十年もやっていますので、あなたのおっしゃることはよくわかります」「私もこの作家が好きで、全部読破しました」などとゴマをする。

逆に、「私には、とても、あなたのようにはできません」「私のような者ですら、すばらしいと思いますね」などと卑下して、相手を立てる場合もある。

悪用は禁物だが、ゴマスリは上手に使えばビジネスに役立つし、人間関係を円滑《えんかつ》にする道具にもなる。

ただし、**いったん信用を失った相手にゴマをすると逆効果になる。**

また、だれにでもゴマをすっていると思われると、これも逆効果になることがわかっている。

3 トリック話法
——気づかれずに相手の心を操る!

◎「ちょっと」の魔力——頼む人と頼まれる人の、こんな駆け引き

「ちょっと、すみませんが」「ちょっと、お願いがあるんだけど」「ちょっと、来てくれない?」「ちょっと、手を貸してくれない?」——仕事場には、こんな言葉があふれている。

いろいろな人のやりとりを見ていると、頼むほうも頼まれるほうも、あるいは、誘うほうも誘われるほうも、お互いに、決して「ちょっと」ではすまないことを知っているのではないかと思われる節がある。

「ちょっと」は「一寸」と書く。一寸(いっすん)は約三・〇三センチメートルである。「ちょっとだけ、いいかな」と言って、親指と人差し指で三センチほどの隙間を

つくるジェスチャーをする人がいる。

「ちょっと」というのは、こう考えると、一寸程度の「大変さ」なのかもしれない。ただし、実際には、この間隔は時と場合により、伸び縮みするものだと考えておいたほうがよさそうである。

オフィスのかげで、「帰りに、ちょっと、お茶でも飲んでいかない？」と、女性を口説いている男性の顔には、「ちょっと、と言って誘ってから、食事に行って、お酒を飲みに連れていきたい」と書いてあるからだ。

たとえば、友人に「ちょっと、タバコ代を貸してもらえない？」と言われたとする。これに気楽に応じると、後日、同じ友人に「申し訳ないけど、一万円貸して」と頼まれたときに断れなくなる。

同僚や上司に、「ちょっと手を貸してくれないか」と、簡単な書類の整理を頼まれたら要注意だ。

一度承諾すると、今度は、長時間残業しなければ終わらないような仕事を押しつけられるおそれがあるからだ。

「ちょっと」と言われると断りにくいものだが、**「ちょっと」が「大変なこと」の伏**

線になっていることを肝に銘じておきたい。

なぜか買ってしまう

テレビショッピングはおまけがたくさんつく。特典付加法と呼ばれるが、おまけをつけられると、その好意に報いなくてはならないという心境にさせられる。安いからだけでなく、売り手の好意を無視できなくなるので、その説得に応じるようになるというわけである。

◎フット・イン・ザ・ドア・テクニック――次第に「断りにくくなる」心理

「夏のリゾートで恋人ができた」という人がいれば、一方で「ひと夏の恋が終わってしまった」という人もいるかもしれない。

こんなときに役立つ、三種の神器《じんぎ》ともいえる口説きと説得のテクニックがあるので紹介しよう。

「冷たいものでも飲んでいかない？」と彼に誘われる。「お茶するだけなら」と彼女は考え、「いいわ」とOKする。

実際には、このOKが食事をすることになり、お酒を飲みにいくことになり、ホテルに入ることになるかもしれないのに、だ。

一歩踏み込む法（フット・イン・ザ・ドア・テクニック）と呼ばれるものがある。**最初、だれもが「YES」と言えるような要請をしてOKをとる。そのあとで、大きな要請（本来の要請）をすると、相手は説得に応じやすくなる**というものだ。

たとえば、かなり面倒な調査を依頼するという心理実験がある。あらかじめ、簡単なアンケートに答えてもらう。そのあとで、本来の調査を依頼すると、承諾率は五三%になった。

ところが、いきなり訪問したり、電話で「よろしく」と連絡してから調査の依頼をした場合には、承諾率が二〇%程度に落ちてしまった。

また、あるとき、ごく簡単な書類の整理を上司に頼まれ、それを気軽に手伝ったとする。

後日、残業しなくては終わりそうにない仕事の手助けを頼まれたとき、あなたならどうするだろう？　おそらく、たいていの人は断れないはずだ。

というのは、「以前、似たような仕事を手伝ったのに、今度は断る」ということになると、「自分の行動に矛盾が生じる」と考えるからだ。

◎口説きのテクニック
——なぜ最初に「NO」と言わせるように仕向けるのか？

「結婚してほしい」と、突然、女性に迫る。よく知らない男性からこう言われれば、女性は「いやよ」と断るかもしれない（ただし、相手があこがれの男性なら話は別だが）。

これは、「それなら、友だちとしてつき合ってほしい」と口説くための、深慮遠謀《しんりょえんぼう》。実際には、「とにかく、彼女とデートを繰り返して、結婚に持ち込もう」という男の作戦だ。

相手が「NO」と言うのを見越して、わざと最初からやっかいな要請をする。**最初の大きい要請を拒否させておいて、次の小さな要請に応じさせようとする**ものだ。

拒否させて譲歩する法（シャット・ザ・ドア・イン・ザ・フェイス・テクニック）

と呼ばれている。

最初に大きな要請を断られた人が、次に小さな要請をすると、説得を受けた人は「相手が譲歩した」と考える。

譲歩してくれたお返しとして、第二の説得に応じる人が多くなるというわけだ。

絶対ノーと言えないプロポーズ

脅しが説得に役立つ。ただし、脅迫するような強い脅しによる説得は反発を招く。やんわりと脅して説得すると、説得効果が上がるばかりでなく、その効果が持続しやすい。「私たちの関係をばらしてやる」ではなく、「私たちの関係がみんなにわかったらどうしよう」と結婚を迫るのがベスト。

◎〝釣り球〟で誘う法——話が違う！　でも断れない状況をつくる

「仲人口《なこうどぐち》」という言葉がある。仲人の言うことは、「いいことずくめで当てにならない」との意味だ。

お仲人さんにすれば、「多少の嘘があっても縁談がまとまりさえすれば、あとはどうにでもなるもの」との読みがあるわけだ。

最初、偽りの好条件で説得して、ＯＫをとる。そのあとで、「ちょっと不都合が生じたので、この新しい条件でお願いします」と、以前より不利な条件（実際には、これが本来の条件）で承諾してもらおうとのもくろみだ。

これは、釣り球で誘う法（ロー・ボール・テクニック）と呼ばれている。

一度は相手に嘘をつくことになるので好ましい方法とはいえないが、「煮ても焼いても食えない」という相手に使ったらどうだろう。

いったん、好条件の説得に応じてしまうと、その相手に義理や人情をもってしまう。「話が違う」と思っても、断れなくなるというわけだ。

ただし、最初の好条件を取り消して別の条件で説得するわけだから、弁明に自信のない人には、おすすめできないテクニックだ。

◎セールストーク──客が思わず買ってしまう商品のすすめ方

お母さんが子どもと一緒におもちゃで遊んでいる場面を分析した研究がある。それによると、グッド・タイミングで適切なヒントを与える「配慮的かかわり」をしているお母さんの子どもは、創造的で、熟慮的な行動をとることがわかった。

これは、親が子どもの行動に口出しする場合の話だが、配慮的なかかわりは、子どもの主体性を伸ばす働きがあるという。

セールスの仕事をしている人は、客に対して、こうした配慮的かかわりを心がけたらどうだろう。それは客の満足感を高めることになると思われるからだ。

「これがいいですよ」とすすめるのは、押しつけ的なかかわり方。そうではなく、「このようにお考えになってもよいかもしれませんね」「こんな品もございます」と配慮的なかかわり方をする。

配慮的なかかわりで適切なヒントを提供すれば、客との会話も多くなるし、客のほうも自我関与せざるをえなくなる。つまり、こうしたかかわり方をされると、何も買わずに帰るわけにはいかなくなるという次第だ。

◎読心術――ベテラン店員の絶妙な接客術

客の近くを、ウロウロ、ソワソワ歩き回っている店員の姿を見かけることがある。声をかけるタイミングがつかめないため、仕方なくオリのなかの熊のように歩き回っているのであろう。

これでは、客のほうは、店員に見張られているようで落ち着かない。商品の前で立ち止まるたびに、店員が「ゴクッ…」と生ツバをのみ込む音が聞こえてきそうな重圧感は、客を不快にさせるだけである。

ちょっと注意すれば、「声をかけてほしい」との客のサインを見つけ出せる。じっと見つめ続けるのではなく、ときどきチラッと見て、そのサインを確認する。これがベテランのテクニックである。

声かけのタイミングのよしあしを示すサインとは、たとえば、次のようなものだ。

①商品にさわってはもとに戻す、歩き回りながら棚のあちこちに視線を動かしているときは、声かけＮＯのサイン。

②手や目の動きが止まったときは、声かけＯＫのサイン。

③店内のあちこちに視線を送り始めたときは、声かけ歓迎のサイン。
④腕組みしたり手で顔や頭をさわったりするのは、声かけ熱望のイライラ・サイン。

客が望んでいるときに、必要な情報を積極的に提供する。これがセールスの鉄則である。

男と女の会話の場面、あるいは、教師と生徒の授業場面を分析した結果、相手に対して期待をもっているか否かで、話し方やしぐさ、動作まで違ってくる、ということが明らかにされている。これらをまとめると、相手に期待をもっている話し方とは次のようになる。

①積極的で、メリハリのある話し方をする。
②相手の話をほめる。
③質問を言い換えたり、ヒントを与えたりする。
④相手の話に何らかのフィードバックを与える。

つまり、客にはっきりわかるように声かけをする。客の話にきちんと返答する。一回の説明だけではわかってもらえそうにないときには、工夫を凝らして、理解してもらえるまで、

ていねいに話す。これが期待感を伝えるポイントである。

言葉以外の非言語コミュニケーションにも期待の有無が表れる。たとえば、期待感が高いときには、①前傾姿勢をとる、②視線を送る、③うなずく、④微笑みかける、などのしぐさや動作が多くなる。

押しつけがましくならない程度に、「買ってください」「また来てください」と期待をこめて応対してみよう。そうすれば、言動にも自然にその気持ちが表れ、客に好印象を与えることができるはずだ。

COLUMN 2

無意識の恐ろしい〝力〟

「カチッ・サー」というのは、アメリカの社会心理学者チャルディーニが用いているユーモラスな言葉だ。

かつて一般的に使われていたテープレコーダーのボタンをカチッと押すと、「その場でとるべき行動が指示してある録音テープ」がサーッと回り始める。多くの人は、その内容を深く考えないで、その指示に従った行動をとる。これが「カチッ・サー行動」である。

毎日、同じような業務を行なうときには、ほとんど無意識に、「いつもの通り」にしているものだ。こうすることで、行動がより敏速になるわけだ。しかし、こうしたカチッ・サー行動が思いがけないミスを招くことがある。

★ので効果

「すいませ～ん。五枚なんですけど、コピーをとらなくてはいけないので、先に使わせてください」

コピー機を使おうとしたら、こう言ってほかの人が割り込んできた。あなただったらどうするだろう。

心理実験では、この場合の承諾率は九三％になった。ところで、この頼み方にはおかしいところがある。「コピーをとらなくてはいけないので〜」というのは当たり前の話で、先にコピーさせてもらう理由の説明になっていないからだ。

「急いでいるので、先に使わせてください」と言うのであれば、その理由がはっきりする。このような頼み方をしたときには、その承諾率は九四％。この結果は、冒頭の頼み方とほとんど同じだ。

私たちは、「〜ので、お願いします」と言われると理由をよく考えないで承諾する傾向がある。情報の内容ではなく、情報のスタイル（あるいは要請の仕方）に反応してしまうのだ。

「ので効果」がカチッ・サー行動を促したことになる。

ちなみに、「先にとらせてください」とだけ言って頼んだ場合には、承諾率は六〇％。「ので効果」が働かないので、順番をゆずる人が少なくなる。

いきなり「これをお願いします」と頼むと、部下は「なぜ私がしなくてはいけないの」と、ムッとするかもしれない。「〜ので」と適当な口実をつけて依頼すれば、「仕方ないな」という気にさせることができるわけだ。

私たちは「以前はこうだったから、たぶん今回も同じだろう」と、大まかに判断しがちである。こうした判断の仕方をヒューリスティック（経験則ほどの意）と呼んでいる。

先の「ので効果」や直感はヒューリスティックな判断によるものである。

とくに、忙しいときには、「ので効果」ばかりでなく、さまざまなヒューリスティックな判断が行なわれ、カチッ・サー行動が生じやすくなる。

★カチッ・サー行動を防ぐポイント

私たちが、よく考えた上で判断できるのは「そうしようとする強い欲求と、その能力があるとき」に限られる。こうした判断を損なう条件は、次のようなものである。

①自分にとって問題が複雑すぎる。
②判断する時間がない。

③やらなくてはならないことが多すぎる。
④感情的になっている。
⑤心理的な疲労感が強い。

こうした状況のとき、私たちはヒューリスティックな判断をしたり、専門家や経験豊富な上司、先輩の言いなりになったりする危険性が生まれる。

心身のゆとりをもたせること、そして、上司に何でも意見が言える環境をつくることが、ミスの原因になるカチッ・サー行動を防ぐ最善策なのだ。

第3章

心を操る4つのルール

——人を虜にするときの心理学

1 心を惹きつけて虜にするノウハウ

◎一緒に食事をする心理効果――ランチョン・テクニック

「イライラすると、甘いものをやけ食いしてしまう」という人がいるかもしれない。これは、幼児のとき、泣いていると親から飴《あめ》やお菓子などの甘いものをもらってなだめられた、という快体験と関係しているらしい。

イライラして泣いているときに甘いものを食べて、それを解消するという習慣になっているので、大人になっても、同じような手段をとるというわけだ。

「食べると、また太ってしまう」と言いながら食べてしまう人は、こんな幼児期の快体験があるのかもしれない。

次のような心理実験がある。

軽い昼食をはさんで、政治に関するいろいろな意見を次々に紹介した。そうしたところ、特定の意見だけが好意的に受け取られることがわかった。よく調べたところ、好意的に受け取られた意見は、食事中に紹介されたものだった。

私たちは、**食事をしているときに聞いた話の内容や、そのときの話し相手を好きになる**ものらしい。食事を利用して好意度を高める方法は「ランチョン・テクニック」と呼ばれている。料亭政治は、この代表的なテクニックといえるだろう。

おいしいものを食べると、心地よい感情を体験することができる。そして、食事中に聞いた話は、この心地よい体験と結びつく。これは「連合の原理」と呼ばれる現象だ。

あとになって、おいしい食事をしていたときの場面を思い返すと、心地よい体験がよみがえるので、そのときの話題や話し相手に対する好意度が高まるというわけだ。ランチョン・テクニックは、食事だけでなく、心地よさをもたらすものなら、何でも役に立つ。

たとえば、いつも、おいしいお茶やコーヒーをいれてくれる人、おやつを差し入れてくれる人、珍しいお土産《みやげ》をプレゼントしてくれる人、楽しい話をしてくれる人、挨《あい》拶《さつ》が上手な人、笑顔がかわいい人、……このような人は心地よい体験を運んでくれる。だから、このような人の顔を見ると心地よい体験がよみがえり、その人に好意を感じるようになる、というわけだ。

「夫好みの手料理が得意」という妻は、ランチョン・テクニックの名手。また、おいしいレストランに妻を誘う夫も名手といえる。二人で食事をするたびに、夫婦の絆《きずな》が強まるだろう。

なぜ説得は〝食べながら〟〝飲みながら〟がよいか？

「喫茶店に誘うことができれば、商談は百パーセント成功」と、ある街頭キャッチセールスマン氏が公言していた。喫茶店に誘って、紅茶やケーキを飲み食いさせながら、相手の目をじっと見て口説くのだそうだ。

次のような心理実験がアメリカで行なわれた。

相手にピーナッツを食べさせたり、コーラを飲ませたり（いかにもアメリカ的！）しながら説得する。そうすると、ただ話を聞いてもらうだけの場合より、説得に応じる人の割合が増えた。

どうして、飲み食いが説得に役立つのだろう。

①飲み食いしているとき、たいていの人は気を抜いている。警戒心が弱まったところで話せば率直にその話を聞いてくれる。

②口の中に食べ物が入っていると話しにくくなる。聞き手の口に食べ物が入っているときに話しかければ反論を抑えることができるので、相手を聞き役に回すことができる。

彼女が空腹のときをねらって、ちょっとしゃれたレストランに誘う。ステーキなど、食べるのに時間がかかる料理を注文するといいかもしれない。彼女が「おいしい！」と頬張《ほおば》っているとき、さりげなく「ボクと結婚してください」とプロポーズしたらどうだろう。

ロマンチックとはいえないが、気の弱い男性におすすめのテクニックだ。ただし、彼女の好物を下調べしておくことが肝要。

◎心を飼い馴らすテクニック――彼女が彼を好きになるとき

ロシアの高名な生理学者パブロフは、犬を用いた消化腺の研究をしていた。有名な話だが、あるとき、彼は思いがけない発見をした。

肉粉を入れているビンを見ただけで、また、餌《えさ》を運ぶ人の足音を聞いただけでも、犬の唾液があふれ出てきたのだ。肉粉や餌（強化因と呼ぶ）がビンや足音と唾液の分泌を結びつけたのである。これが（古典的）条件反射である。

たとえば、彼女を何回もデートに誘って、ご馳走したり親切にしたり（これらは強化因）すれば、彼の顔を見たとき「楽しいことがある」と条件づけることができる。これは「彼女が彼を好きにさせられる」ケースだ。

一方、偶然のある行動に対して予想外の報酬が得られたとき、その行動は繰り返し起こりやすくなる。これがオペラント（道具的）条件反射である。

たとえば、たまたま合コンで知り合った男性と話したら、とても楽しかった。次の合コンのとき、その男性と話したら、やはり楽しかったので、また会いたいと思うようになった。これは「彼女が彼を好きになる」ケースだ。

同様に、「いらっしゃいませ」「ありがとうございました」の心地よい声や快適なインテリアのある店は、パブロフ型の条件反射を生む。また、「困っているとき、とても親切にされた」という体験はオペラント条件反射に結びつく。

いずれも、その店、あるいは店員を見かけると、以前の快適な体験がよみがえるので、思わず店に足が向いてしまうことになる。

◎〝ギャンブル〟から離れられなくさせる法

アメリカの学習心理学者スキナーは「ある行動のあとに快体験が伴うときには、その行動が繰り返し起こる。ところが、不快体験が伴うときには、その行動が消去される」と述べている。

ある行動を強めたり、弱めたりする快・不快の体験は、先に紹介した強化因である。このときの快体験は報酬（ごほうび）になる。

ところで、何かすると必ず報酬が得られる（全強化と呼ぶ）ときには興味が減退しやすい。つまり、その行動が消去されやすくなることがわかっている。たとえば、

「ゲームをすれば、いつも自分が勝つ」というのでは、そのゲームをする気がしなくなる。

同様に、デートに誘ったり、ホテルに誘ったりすると、「いつもＯＫよ」という女性は男性の興味を失いやすいことになる。

一方、ギャンブルのように、**ときたま報酬が与えられる（部分強化と呼ぶ）と病みつきになる。**「今度こそいいことがある」という期待感が、その行動を誘うわけだ。

たとえば、パチンコでいつも損していても、ときどき大儲けすることがあるとやめられなくなる。同様に、高嶺《たかね》の花の彼女とやっとデートの約束ができたとき、その男性は彼女への思いをさらに強めるだろう。

◎部分強化による条件づけ——もう人は、ここから抜けられない！

部分強化には次のタイプがある。

第一は、能率給のように、仕事に応じて報酬を与える（定率強化と呼ぶ）というもの。自信があり、やる気十分な人をその気にさせるときに効果的である。

第二は、毎月の給与のように、つねに一定の報酬を与える（定時強化）というもの。競争心の低い人に安心感を与えてその気にさせる方法である。

第三は、ギャンブルなどのように、報酬は一定でないが、大きな見返りがある（不定率強化）というもの。「大きな仕事をして、思いがけない高収入を得たい」という人をその気にさせるときに効果的だ。

第四は、釣りなどのように、タイミングによって報酬が得られる（不定時強化）というもの。これは作業能率の上がらない強化法だが、「自分のペースで、自分の力で仕事したい」という自己満足タイプの人をその気にさせることはできるだろう。

あなたの部下、あるいは、あなたの彼（彼女）はどんなタイプだろうか。

部分強化による条件づけをすれば、理屈では、あなた好みの部下や彼、彼女にすることが可能である。

以上、責任はもてないが、試してみる価値はあるだろう。

2 心理実験
──「潜在意識」に働きかける!

◎殺し文句──人間の記憶力を逆手にとって……

最初に、A室にいる二五人の顔をよく見てもらう。それから二時間後に、今度はB室にいる別の二五人の顔を見てもらう。

そのあとで、「どんな人がいたか」を尋ねた。この心理実験では、九六%の正確さで、それぞれの人の顔を思い出すことができた。ところが、「それぞれの人が、どちらの部屋にいたか」を尋ねたところ、その正確さは五〇%に落ちてしまった。

この心理実験から、人の顔は印象に残りやすいが、その他の情報(どこで何をしていたかなど)は、記憶にとどまりにくいことがわかる。

名刺の交換をしたら、余白に日時や場所、用件などをメモしておくといいだろう。

名刺のメモが手がかりになって、その人についてのいろいろな情報を思い出すことができるからだ。

男性から「確か、どこそこでお会いした方ですね」と言われたら、女性はうれしく思うだろう。というのは、よほど興味がないと、出会った場所まで覚えていないのが普通だからだ。ただし、これは彼の殺し文句かもしれない。こう声をかけられた女性は気軽に誘いに乗らないほうがいいだろう。

「よく覚えていないんだ」という言い訳は、実は、「もともと関心がなかったんだ」と言っているのと同じである。肝に銘じておきたい。

試供品・試食品の不思議な力

食料品売場の試食品や、化粧品、健康器具、語学テープなどの試供品がある。肺ガン患者の役を演じたことのあるヘビースモーカーはタバコの本数を減らすことがわかっている。試食品や試供品はロールプレイング（役割演技）と同じ効果があり、試しているうちに「いいような気がしてくる」のである。

◎記憶のすりかえ──〝心理操作〟は、こんなところで行なわれる！

交通事故を撮ったフィルムを見せたあとで、「激突したとき、車のスピードはどれくらいだったと思いますか」

そうしたところ、ただ「ぶつかったとき、車のスピードはどのくらいだったと思いますか」と質問した。

さらに、一週間後に、「(フィルムで) 割れたガラスを見ましたか」と質問した。すると、フィルムを見たあと「激突した車のスピードは？」と質問された人のうち三二％が、「割れたガラスを見た」と答えた。

ちなみに、「ぶつかった車のスピードは？」と質問された人の場合では、その割合は一四％にすぎなかった。

実は、この心理実験で使われた交通事故のフィルムには、ガラスが割れているシーンは映っていなかった。

「激突した」という表現で交通事故を誇張して言うと、「スピードが速かった」「ガラスが割れてめちゃめちゃだった」と、情報が歪曲《わいきょく》されて思い出されることがわかる。

「この前デートした夜、帰ってからもうれしくって、すっごく興奮しちゃった。全然眠れなかったわ」と彼女。

こう言われた彼は、実際にはごく当たり前のデートであっても、「すっごく楽しいデートだった」と思い返すかもしれない。

◎「恩返し」の法則——親切は必ず報われる！

こんな心理実験がある。

二人一組で、「いろいろな絵画を評価する」という作業の途中で、数分間の休憩時間をはさむ。このとき、一人がコーラを二本買ってきて、「君の分も買ってきたよ」と小さな親切をする。

すべての絵の評価が終わったとき、この親切な男性は、相棒に「新車が当たるくじ付きチケットを買ってほしい」と頼んだ。

実は、この親切な男性は実験のためのサクラだった。すると、コーラを買ってもらった人は、休憩時間に親切にしてもらわなかった人より、二倍も多くチケットを購入した。

多くの人は、「親切にしてくれた人に借りを返さないと、恩知らずと思われる」と考える。これを好意の返報性と呼ぶが、私たちは返報性のルールを知らず知らずのうちに守ろうとしている。だから、チケットをたくさん買わざるをえなかったわけだ。

この「抜き差しならぬ関係」は、好きな相手に対しても、嫌いな相手に対しても、同じように成り立つことがわかっている。**自分を嫌っている上司や部下、同僚にも、親切にするという恩を売っておけば、いざというとき、借りを返してもらえる**かもしれない。

いつもと違って、親切で優しい相手には、くれぐれもご用心。

◎法外な要求のあと、あっさり譲歩すると……

次のような心理実験が、カリフォルニア大学で行なわれた。

実験者は、二人組にお金を渡して、「どのように分け合ったらいいか、二人で相談してください」と言う。ただし、決められた時間内に合意できない場合には、二人とも一銭ももらえないことになると説明する。実は交渉相手の一人は、実験のためのサクラである。

このサクラが、極端に高額な要求から始め、交渉を進めていく段階で、適当な額にまで下げていったとき、交渉相手は分配の金額にもっとも満足した。高額を要求し続けたり、最初から適度な金額を呈示して、それに固執し続けたりした場合には、交渉相手は分配額に不満を残した。

要求を引き下げていくと、交渉相手は、「自分の力で相手を譲歩させた」と考えるので、最終的な結論（分配額）に責任を感じるようになる。また、交渉の結果、相手の分配額のほうが多くなったとしても、「譲歩させた」という満足感をもつことができる。

「ねえ、ヨーロッパ旅行に連れていって」と言い張っていたのに、「ハワイでもいいわ」と、彼女があっさり譲歩したとき、「高い買い物をしたのかもしれない」と疑ってみよう。

最初に、あまりにも法外な要求を突きつけられたときには、「のちのち、抜き差しならぬ関係になるかもしれない」と考え、交渉の舞台にあがらないことだ。

男性が求めるまで待たせる……

ある女性に「どうすれば自分の値打ちを高められるか」と聞かれたギリシャの哲学者ソクラテスは、「男性が求めるまで待たせることである」と答えたそうだ。

◎〝書く〟という行為がもつ不思議な力

酒を飲んだ勢いで、会社の同僚の女性とホテルに入ってしまった。こんなことがあると、二人の関係は一気に深まるだろう。

自分の言動がきっかけとなって、自分の本当の信念や価値観、態度などを知ることがある。たとえば、「ホテルに行ったのだから、自分はもともと彼女が好きだった」と考える。

同様に人間には、**自分が話したことや、自分が書いたレポートなどに矛盾しないような行動をとろうとする性向がある。**換言すれば、自分の手で自分の首を絞めて、抜き差しならぬ状況にみずからを追い込むのだ。

ある心理実験によると、自分の意見を紙に書いてもらい、それを他人に見せる（これをパブリック・コミットメントと呼ぶ）と、その意見に固執し続けることがわかっている。

たとえば、達成目標は、同僚の前で、声に出して読み上げると効果があがる。さらに、それを用紙に書いて、皆の見えるところに掲示するとコミットメントが高まるので、いっそうの効果が期待できる。

「好きです」と告白されたら、「手紙に書いてください」と言おう。コミットメントが深まれば、抜き差しならぬ関係になれるはずだ。

書くことには、魔術的な力があるらしい。

本音を引き出す「タッチングの魔法」

他人と話すとき、相手にホンネを語らせたり、相手にいい印象を与えたりするためには、どうしたらいいだろう。

こんな心理実験がある。

第一に、聞き手は、うなずいたり、「ええ」「なるほど」と言うだけで、ひたすら相手の話を聞く。

第二は、第一の条件に加えて、聞き手は椅子に腰掛けるとき、相手の体に軽くさわる。

第三は、第一の条件に加えて、相手が話す前に、聞き手のほうから自分自身のことを話しだす。

第四は、聞き手が座るときに相手の体に軽く触れ、先に自分自身のことを話す。

これはアメリカの心理学者ジュラードが行なった実験だ。

そうすると、第四の場合に相手はもっともよく自分自身のことを話した。ホンネが出やすかったといえる。

また、相手からもっとも好感がもたれたのも、第四の場合であった。

ところで、面接試験のとき、志願者と握手した面接官は、「親切で、温かく、誠実で、私に好意をもっている」と見なされたとの研究がある。これも、体にさわる効用の一つだ。

応接室に来訪者を招いたとき、「まあ、こちらにどうぞ」と言って、席をすすめる。

そのとき、相手の腕に軽く触れながら席をすすめると効果的だ。

次に、相手より先に、「実は私、最近、こんなことで困っているんですよ」と、口火を切ってみる。

そうすれば、相手はホンネが語りやすくなるはずである。そればかりか、相手に好印象を与えることができるというわけだ。

◎ボディ・ランゲージ——言葉に表しにくいホンネが見える!

二人が話している様子を観察すると、どちらが上司で、どちらが部下であるか、だいたい見当がつく。

話の内容がわからなくても、姿勢や動作といったボディ・ランゲージから、二人の関係が推測できるからだ。

アメリカの心理学者メラビアンは、体の姿勢や位置と、人の好感度や魅力度との間には、密接な関係があることを明らかにしている。

第一に、相手の地位が高いときには、その人物のほうに、より直接的に頭や体を向ける。とくに、女性が地位の高い人と話すときには、手や足を交差させないで、より開放的な姿勢をとる。

第二に、嫌いな人物に近づく場合には、腕を前に組むが、好きな人物には腕をわきに垂らしたままである。また、嫌いな相手に近づく場合、体を後ろにそらせることが多い。

第三に、他人に好まれる姿勢は前かがみの姿勢であり、とくに、この姿勢の女性は好感をもたれる。さらに、腕や脚を組まない開放的な姿勢の女性は、好感をもたれやすい。

相手に好感を与え、相手の関心を引きつけるボディ・ランゲージとは、次のようなものだ。

①体の姿勢が開放的であること。
②前かがみであること。
③くつろいでいること。
④体が相手のほうを向いていること。

相手との地位関係やその場の状況に合った、適切なボディ・ランゲージで、人間関係をよりスムーズにしたいものだ。

人間は他の動物と違い、言葉を用いる。

しかし言葉に重きを置くあまり、体で語ることを忘れている人がいる。これは大変な損失だ。とくに、感情は体を使って語ったほうが、よりよく伝わることがわかっているからだ。

タッチングは他人との気持ちの交流に役立つ。だからといって、相手との関係やさわる部分を考えないでタッチングすると、セクハラになってしまうので、重々注意して行なうことが望まれる。

ボディ・ランゲージは、言葉に表しにくいホンネを語るとき、しばしば利用される。「嫌いよ」と、彼女は体で語っているのに、しつこく言い寄る男性は、「鈍感な人ね」と嫌悪されるだろう。

くれぐれもご用心——。

3 人間関係の不思議な法則を知れば……

◎ヤマアラシ・ジレンマ――〝人間距離〟をどうつかむ？

人間距離《じんかんきょり》とは、車間距離に対する言葉。車間距離は先行車が急ブレーキをかけたとき、すぐに止まれる安全距離だ。自動車教習所の教官から、「もっと車間距離をとれ！」と怒鳴られた苦い経験をもつ人もいるだろう。

ところが、他人とのトラブルを未然に防ぐための人間距離については、だれも教えてくれない。車を運転するときには、先行車の運転の仕方やスピード、道路の状況などを考慮に入れて、「離れすぎず、近すぎない」車間距離を決めている。

人間関係もこれと同じだ。自分と相手との関係、親しさの程度、役割関係、上下関係などを配慮して人間距離を決めなくてはならない。

たとえば、言葉づかいや態度、相手への接近度などをアクセルとブレーキにして、適切な人間距離をコントロールする必要がある。

最近では、新入社員の研修などで、「人間距離の心得」なるものも登場するようになった。

ある冬の日、ヤマアラシのカップルが寒さに凍《こご》えていた。お互いの体を寄せ合って暖をとろうとしたところ、接近しすぎて、自分たちの刺《とげ》で相手の体を突き刺してしまった。

しかし離れすぎると、今度は寒さに耐えられなくなってしまう。こんなことを何度か繰り返しているうちに、このカップルはお互いにそれほど傷つけ合わないですみ、しかもお互いに暖め合えるような、「即《つ》かず離れず」の距離を見つけ出すことができた。

これは哲学者ショーペンハウアーの寓話《ぐうわ》を借用したものだ。アメリカの精神分析医ベラックは、この寓話を引用して、現代人は「ヤマアラシのジレンマ」に陥っているいると警告している。

他人に近づきすぎると、お互いに傷ついてしまうし、逆に、他人から遠ざかりすぎると、孤独感に耐えられなくなってしまう。

現代人は他人との適切な距離をとるためのジレンマに陥っているというわけだ。言い換えれば、人間距離がうまくとれない人は、ヤマアラシ・ジレンマに陥っている「初心者マーク」のドライバーだといえる。

自動車を運転しているとき、「ぴたっと、くっついてくる後続車」がバックミラーに映ると、思わずアクセルを踏んで、スピードを上げることはないだろうか。「追突されるのが怖い」というより、実際には、「近づかれるのが嫌」なので、スピードを上げて車間距離をあけようとするのだ。

同様に、挨拶したくない知人を見つけたら、顔が合わないように方向転換したり、人間距離をあけたりする人がいる。これはバックミラー症候群とも呼べる現象だ。

バックミラー症候群の人は、適切な人間距離をとる前に相手から逃げてしまう。だから、ヤマアラシ・ジレンマを通して、その相手にふさわしい人間距離を決めるチャンスを失ってしまうことになる。

ヒヤッとした思い（けんかしたり、あやまったりする経験）を積み重ねることによって、快適で、適切な人間距離をつかむことができるのだと思うが、いかがだろうか。

◎「みんな意識」の落とし穴――〝意欲〟は〝人数〟に反比例する

朝礼が始まった。紋切り型の上司の話があって、最後に、全員で、「頑張ろう！」と唱和する。社歌を斉唱することもある。

「頑張ろう」と全員で言えば、一人ひとりが、頑張る気持ちになれるのだろうか。「頑張るぞ！」と、一人で大声を出してみよう。今度は二人で、あるいは、五〜六人でやってみよう。どうなるだろう。

「ワァーッ」と精一杯の大声を出したり、力強く拍手したりするように頼み、その音量を調べる実験がある。

そうすると、一人のときより、二人でやったときのほうが、一人当たりの音量は小さくなった。六人のときには、一人のときの半分以下の音量になってしまった。

これにより、**おおぜいで一緒に、同じことをするときには、人は努力を惜しむ**ことがわかった。これが「社会的手抜き」と呼ばれる現象だ。

ドイツの心理学者リンゲルマンの実験によると、一本のロープを一人で引っ張ったときには六三キロの力が出た。しかし、二人のときは五三キロ、八人のときには三一キロにまで減少した。

この「リンゲルマン現象」とも呼ばれる社会的手抜きは、「複数で仕事をすると、その人数分だけ責任感が拡散する」ために生ずるとされている。

「みんなで力を合わせて頑張りましょう」というかけ声は、実は、「みんなで適当に手抜きしましょう」と言っていることにもなりかねない。

グループで仕事をする場合、社会的手抜きを未然に防ぐために、前もってメンバーそれぞれの役割や責任を、きめ細かく決めておくことが必要である。

◎「好きな人」と「嫌いな人」の方程式

Q1　好きな上司の特徴をできるだけたくさんあげてみよう。指折り数えて、その数をメモしてほしい。次に、嫌いな上司の特徴をあげ、その数をメモしてみよう。

好きな人と嫌いな人、それぞれについての特徴の数を比較してみると、嫌いな人の数のほうが多くなるのではないだろうか。

「警戒性仮説」というものがある。私たちは危険な人物を識別して、他人から分離しようとする。そのため、とくに、**嫌いな人や敵になる人をより詳しく分析している**と考えられている。

嫌いな人や敵になる人は、自分に損失を与えるおそれがあり、警戒すべき人間であると考えられる。被害を未然に防ぐため、相手の情報をできるだけ詳細に知ろうとするわけである。

上司のＡさんについて情報通の人は、Ａさんが嫌いか、あるいはＡさんに敵意をもっている可能性がある。このような人に対しては、Ａさんをほめる言葉は禁句である。

「なぜか危険な男に惹かれる」という女性がいる。「危ない女の虜《とりこ》になる」という男性がいる。いずれも敵の情報通になった結果、その魅力にふれ、「ミイラ取りがミイラになる」のだろう。

Q2　ある課長が二人の部下（ＡとＢ）に仕事を頼んだ。しばらくしてから、それぞれの部下の仕事ぶりを見て、次のように評価した。

「Aさん、順調に進んでいるようだね。その調子で頑張ってほしい」と、明るく、楽しそうに話しかけた。

「Bさん、もっと工夫できないのかね。そんな仕事ぶりじゃ、どうにもならない」と苦々しく酷評した。

しばらくしてから、その課長の上司である二人の部長（XとY）がやってきて、課長に何やら話し始めた。

部長Xは、この課長に「君の報告書はすばらしかった。君にふさわしいポストを用意するつもりだ」と話した。

そのあとで、今度は部長Yがこの課長のところにきて、「君の報告書は、内容のない、いいかげんなものだった。今のポストを代わってもらうかもしれない」と話した。

これを知った部下Aと部下Bは、部長Xと部長Yをどのように評価するだろうか。

ある研究によると、自分の仕事ぶりを低く評価した課長を酷評した部長Yは、部下Bから好意的に評価された。

つまり、**「自分の敵の敵は自分の味方」**と見なしていることがわかった。同時に、

「自分の味方の味方は自分の味方」（自分を好意的に評価した人を好意的に評価する人間に好意をもつこと）になることもわかった。

共通の敵がいると、その二人は仲よくなれる。別れ話の相談を受けた友人が、彼の欠点をあげて、彼女に「別れたほうがいい」とアドバイスした。彼女はこの話を彼に打ち明けた。そうしたところ、二人は「あの人は無神経な嫌なヤツ」と意気投合し、二人のよりが戻った、という実例もある。

同僚との仲がしっくりいかないとき、共通の敵を酒の肴《さかな》にすると、これと同じ原則が働いて、ホットな関係になれるだろう。

コーヒー一杯でどれくらい一緒に話せる?

コーヒー一杯で、一時間、話ができるかどうか試してみる。「もう一時間もたったの!」というときには、その相手が好きである証拠。次回のデートの約束をしよう。一〇分おきに時計を見たのなら、気が合わないので別れたほうがいい。

Q3　上司のAさんは、性格やものの考え方、趣味が自分に似ていると思う。一方、別の上司のBさんは、自分とは共通点のない人だと思う。さて、この人は二人の上司をどう評価するだろうか。

ある心理実験によると、話し相手が「自分の話に興味をもち、楽しそうに聞いてくれた好人物である」とき、自分似の相手にもっとも好意を抱いた。ところが、相手が「自慢話ばかりで、自分を軽蔑するようなふるまいをした嫌な人物である」とき、自分似の相手にもっとも嫌悪感を抱いた。

一般に、**自分と似ている他人（上司のAさん）の言動は、自分自身の資質の評価に影響する**と考えられている。そこで、自分に対する評価が悪くなるかもしれないような言動をとる自分似の他人を嫌い、逆に、自分の評価を高めるような自分似の他人が好きになる。

ただし、自分と似ていない他人（上司のBさん）の言動は、自分に対する世間の評価とは無関係なので、その人に対して好意も嫌悪感も抱かないことがわかっている。

同僚が自分似の上司について「いい人ですね」と、うわさ話をしているのは、実は

「ボクはその上司に似ている」と公言しているのと同じである。

逆に、あしざまに言われている自分似の上司については、「あのような上司はわれわれの敵だ」などと、同僚と口裏を合わせることになるだろう。


なぜか体が上司のほうに……

職場のデスクで字を書いたり、資料を調べたりしているとき、自分の体の向きをチェックしてみよう。上司のほうに体が向いているときには、その上司が好きな証拠。いつも気にしていると、その人のほうに体が向くのは、「好き」のボディ・ランゲージである。

◎気の合わない上司とうまくやるための「性格心理学」

「好き嫌いには相性がある」のかもしれないが、誰からも好かれる人もいれば、誰からも嫌われる人もいる。もしかしたら、嫌われ者は、どこか本人の気づかないところで損をしているのかもしれない。

ここでは、上司を性格によるタイプ別に分けて、その対処法を考えてみよう。

◎明るい上司

ドイツの精神病理学者クレッチマーは、性格を三つの基本タイプに分類している。その第一が躁《そう》うつ気質だ。

この気質の人は、社交的で、明るく、快活で、温かく、親しみやすい人柄だ。遠くにいる知人を見つけたとき、「よっ、元気か！」と大声で挨拶するのもこのタイプだ。

ところが、この気質の人のなかには、特別な理由もなく憂うつで、気が重く、すっきりしない時期を経験する人がいる。こうした「うつ期」のあるのが、もう一つの特徴だ。

このタイプの上司は、気軽に部下のデスクに出向いて冗談を言う。ときには、さりげなく叱ったり、注意したりする。部下とのコミュニケーションが好きなのだ。

このような上司に叱られたら、ムキにならずに、**自分の考えを積極的に話して、意思の疎通を心がける**のがいいだろう。

◎**怖い上司**

第二のタイプが分裂気質。

この気質の人には、「つき合いが長いのに、気心が知れない」との印象をもつ。

一般に、表情が硬く、変化に乏しい。偏屈で融通《ゆうずう》がきかなかったり、ときには、相手を傷つけるような皮肉を平気で言ったりする。

他人の言動より、むしろ自分自身の内面に関心があり、空想的で超現実的な事柄に興味をもつ。

ものごとを理解し、批評する能力が高く、他人の追従を許さないような鋭い洞察力がある。しかし、逆に、他人からの評価には鈍感で、無神経なところがある。

このタイプの上司は、問題の核心をズバリと指摘する。独断的に決めてかかることが多いだろう。

素直な気持ちで、謙虚に耳を傾けるのが最善策。反論しても太刀打《たちう》ちできないし、相手は「聞く耳をもたぬ」可能性が高いからだ。

◎**しつこい上司**

第三のタイプが粘着気質。

この気質の人は、誠実で、まじめな人柄である。身の回りがいつもきちんと整理されており、約束の時間に遅れることがない。

話を始めると、説明が細かすぎたり、回りくどかったりして、聞いている人をうんざりさせる。一つのことに執着し、気持ちが変化したり、グラついたりすることが少ない。その反面、要領よく、手早くものごとを処理するのが苦手だ。

自分の信念を守るために、自説にこだわったり、相手を非難したりする。ときには、突然、激しく怒りだすことがある。

このタイプの上司は、慇懃無礼《いんぎんぶれい》な部下が嫌いだ。**礼儀を正して、くどい話に耳を傾ける覚悟を決める**とよい。

ときには、過去の失敗などを持ち出して、しつこく叱責するかもしれない。しかし、反論すると、「火に油を注ぐ」ことになるので、要注意。

多くの人は、外向型性格（社交的、明るい、決断力がある、自信がある）を理想的な性格と考えている。これは、性格に対するステレオタイプだ。だから、身上書の性格欄には外向型性格の言葉が氾濫《はんらん》している。

しかし、もし全員が外向型性格人間だったら、人間関係はうまくいかないだろう。

いろいろな性格の人間がいるからこそ、世の中、丸く収まるわけだ。

見かけや印象だけで相手を毛嫌いするのはやめ、客観的、合理的に相手の性格を観察してほしい。つき合ってみると、最初の印象とは違って、「とっても、いい人だった」ということがよくあるからだ。

まず、自分と上司の性格を正しく理解する努力をする。その上で、「ダメなものはダメ」「人の性格は簡単に直らない」とあきらめて、根気よくつき合うのがベストな対処法といえる。

鍋の人間学

具材入れから取り分けまで采配を振るう鍋奉行《なべぶぎょう》は率先垂範《そっせんすいはん》人間。食材の入れ方などに口やかましいのはタテマエ重視人間。どかっと入れちゃえ、と威勢がいいのは猪突猛進《ちょとつもうしん》人間。だれかが食べ始めてから黙って食べるのは、出る杭になりたくない人間。具をかき回したり、突っついたりするのは優柔不断な懐疑《かいぎ》人間。思わず自分の箸で取ってしまうのは自己中心人間。

◎微笑みの心理操作――人は「他人をそこに足止めするために笑う」

オフィスの片隅で、上司と部下が話している。

部下の顔はむっつり、上司の顔は微笑んでいる。この上司の表情は、どう解釈すべきか。

このような場面を利用した研究によると、むっつりしている部下の顔を見て微笑んでいる上司は、「支配的で、悪意があり、小気味よさそうで、あざけっている」と見なされた。

同様に、眉《まゆ》をひそめている部下の顔を見て微笑んでいる上司は、「平和的かつ友好的で、幸福」だと評価された。

そのほかのケースも紹介しておこう。

微笑んでいる相手の顔を、むっつりした顔で見ている人は、「怒っている、嫉妬《しっと》深い、不幸せ、落胆している」と見なされた。

また、眉をひそめている相手の顔を、むっつりした顔で見ている人は、「冷淡、横柄、怒れない、冷静」と見なされた。

たとえ微笑んでいても、相手の表情によっては、その微笑みがプラスになったり、マイナスになったりすることがわかる。場合によっては、微笑んでいる人の人物像まで変わってしまうわけだ。

「微笑みを絶やすな」というけれど、笑顔の大安売りは、実にアブナイ。

笑顔は相手にいい印象を与えると信じられている。

しかし、外国人にとって、日本人の笑顔は意味不明で、その解釈に苦しめられる、という話をしばしば聞く。

先に紹介した研究のように、笑顔は状況によって良くも悪くも解釈される。

微笑むときには、相手の表情を考慮して、相手や周囲の人に誤解を与えないようにしなくてはならないだろう。

ところで、笑顔にはどんな意味があるのだろうか。イギリスの児童精神分析学者ボウルビィは、愛着理論の観点から、人は「他人をそこに足止めするために笑う」と考えている。

他人と情緒的に結びつきたいとの要求をもつ状態が「愛着」である。とくに、子どもにとって、もっとも大切な愛情の起源が、この概念によって説明されている。

他人に対する愛着は、次のような方法で示される。
①相手の体に近づいたり、さわったりする。
②相手を見たり、笑ったり、話しかけたりする。
③相手に承認を求める。
これらはいずれも、小さな子どもたちが親に甘えるときにしばしば見せる行動だ。

テレビに出ているときの政治家やタレントは笑顔を絶やさない。新聞や雑誌でも笑顔の写真が多い。

笑顔があふれているのは、笑顔は「愛着」を表す、もっともわかりやすい方法だからである。

犯罪者の笑顔は「ふてぶてしい」と見なされやすい。

このように、**笑顔は相手の表情だけでなく、それを見る人の態度によっても意味が違ってくる。**これも注意しなくてはならないことの一つだ。

「嫌なヤツだ」と思われてしまうと、精一杯の笑顔をサービスしても、「どうせ、愛想笑いだろう」とか、「何か魂胆《こんたん》があるにちがいない」などと受け取られてしまう。

笑顔を好意的に受け取ってもらうには、どうすればいいのだろう。

第一に、信頼関係がなくてはならない。これは当然かもしれない。

第二に、相手の表情をよく見て、微笑んでも誤解を与えることがないかどうか、よく判断してから微笑むこと。

第三に、微笑むときには、相手に接近したり、相手を見て話しかけたり、相手に承認を求めたりする愛情行動を伴うのが無難だ。

微笑みは人間同士のトラブルを未然に防ぐ効果があるのだが、使い方によっては逆効果になることもあるというわけである。

好き嫌いは足に出る

書類を届けるとき、歩みのスピードに要注意。好きな人に向かって歩くときには速足になり、嫌いな人に向かうときには足取りが重くなる。これを「目標勾配《こうばい》」と呼ぶが、好きな人と会うときには、ギャロップ（全力疾走）になって、みなさんよくおわかりのように、足が地に着かないものである。

◎なぜ「三人」は、うまくいかないのか？

東京の山手線の車内で、こんな体験をしたことがある。雑誌に読みふけっていた私は、ふと頭上を外国語が飛び交っていることに気づいた。横目で見ると、両隣に外国人の男性が座っていたのだ。次の駅で降りるまで、実に居心地の悪い思いをした。

かつて私は、面識のない友人グループ（つまり、自分以外の人は、お互いに友人関係にある）に両脇をはさまれて、注意力を必要とする単純作業をすると、作業成績にどのような影響が出るかを調べたことがある。

たとえば、面識のない友人グループと一緒に作業すると、全員が知り合いのグループで作業する場合より作業量が多くなったが、エラー数も多かった。とくに、面識のない人と正面から向かい合って作業した場合、この傾向が著しかった。なお、作業量がもっとも多かったのは、一人だけで作業したときだった。

つまり、仲間と一緒だと、一人で作業するときより能率が落ちることがわかる。また、面識のない人同士にはさまれると、緊張感が高まるので作業量は多くなるが、間違いも多くなるといえる。二人の友人は、一つの共有空間（これを社会空間と呼ぶ）をつくるからだ。

冒頭に紹介した居心地の悪さは、面識のない外国人の友人同士がつくっている社会空間の中に、私が取り込まれた結果であろう。

恋人同伴の友人と一緒に酒を飲んだとき、何とも言えないバツの悪さと、シラケた感じを味わうことがある。これは、恋人同士という社会空間に自分が土足で侵入しているからである。

三人のグループで話すと、そのうちの二人だけで話がはずむ（そこに社会空間ができてしまう）ことがある。

こうなると、残りの一人は仲間はずれにされ、「おもしろくない」と感じることになってしまう。

このとき、男女の社会空間ができあがったりすると、一人になった男（あるいは女）はみじめである。気をつけたいものだ。

◎立ち話の二人がつくる「立ち入り禁止区域」

カナダ生まれの人類学者で、社会学者でもあるゴッフマンの観察によると、正面から人が来た場合、通行人は「どちら側によけるべきか」を見きわめるために、約二・四メートルまで相手を注視し続けるという。

歩道や廊下を歩いているとき、正面から来る人との距離が近づくにつれ、何とも言えない緊張感を味わうことがある。男女のカップルと出会ったときには、ことさらである。

廊下で男女のペアが立ち話をしているとき、通行人がこの二人の間を横切らないで左右によけて通り過ぎる割合（回避率）は九三％になるというデータがある。

ところが、この二人が話をしていないときは、回避率が三七％に減った。さらに、女性同士が話をしているときの回避率は九一％で、男性同士のときは六八％だった。二人が話していないときには、それぞれ八％と二五％だった。

二人が話をしていると、通行人は、そこに社会空間があると判断するので、左右いずれかによけて通り過ぎるわけだ。

とくに、**男女と女性同士の社会空間は、他人の侵入を排除する強いパワーをもっているらしい。**

それでは、通路の両側に立っている人同士の間を通過せざるをえない状況にすると、通行人はどのようにしてその間を通過していくだろうか。

ある観察によると、通行人は、頭を下げたり、視線を下に向けたり、目を閉じたり、かなり不自然な表情をして通り過ぎていくことがわかった。

進化論の提唱者として有名なダーウィンは、「自分を小さくすることは譲歩を示す姿勢で、他人からの攻撃を抑制する効果がある」と述べている。社会空間を通過する人たちは「自分を小さくする」ことによって、すなわち譲歩の姿勢を示すことによって、その非礼を詫びているのであろう。

デパートなどでも、店員同士がおしゃべりをしていると社会空間ができあがる。そうすると、客は声がかけづらくなる。

客同士の立ち話も、店内を移動するほかの客の妨げになる。たとえ通路が広くても、社会空間があると通行の妨げになるのだが、逆に、おしゃべりの空間（社会空間）は通路が広いほどできやすくなるかもしれない。

4 好きになるとき、嫌いになるとき

◎人は〝第一印象〟に縛られる

「坊主憎けりゃ袈裟《けさ》まで憎い」という言葉がある。嫌いになると、彼からのプレゼントや手紙などをゴミ袋に入れて捨ててしまう、という女性がいるかもしれない。愛と憎しみは表裏一体というわけだ。

ある人が雑談している場面をビデオで見てもらい、あとで、その人についての人物評価をしてもらうという心理実験がある。

実は、第一のビデオでは、この人は「温かくて、好感がもてるふるまい」をしていて、第二のビデオでは「冷たくて、横暴で口やかましいふるまい」をしていた。

そうしたところ、第二のビデオを見た人は、この人物を「好きになれない。容姿や癖《くせ》、言葉の訛《なま》りが腹立たしいものだった」と答えた。なかには、「癖が気に入らないので嫌いになった」と答える人もいた。

「嫌いな人」と見なされると、何気ない言動のすべてが腹立たしいものと受け取られてしまうことがわかる。いったん嫌われると、顔を合わせるたびに、さらに嫌われるというわけだ。

逆に、「優しくて、すてき！」と好きになってしまうと、たとえ客観的に見ればキザなプレイボーイであっても、「そんな人ではないわ。とってもいい人よ」と、彼女は彼に夢中になってしまうだろう。

ファースト・インプレッションが、その後の人間関係の決め手になるという恐ろしい話である。

◎「本心からではない」という言い訳は通用しない！

「これは上司である私の役目として言うことだが」と前置きをして、辛辣《しんらつ》な小言を長々と垂れる人がいる。「役目として」というのは、「私の本意ではないのだけれど」

と、自分がいい子になろうとの浅慮《せんりよ》だが、こんな苦い言い訳は通用するのだろうか。

ある女性のカウンセラーと話したあとで、その人についての人物評価をしてもらうという心理実験がある。

実は、このカウンセラーは、相手に応じて、「温かく友好的にふるまう」場合と、「冷たくよそよそしくふるまう」場合があった。そして、このカウンセラーと話す人には、「彼女はある研究目的のために、わざとそのようにふるまっている」と伝えた。

そうしたところ、「友好的にふるまっていた人が、本当は友好的な人ではない」、あるいは「よそよそしくふるまっていた人が、本当はよそよそしい人ではない」と信じる人はほとんどいなかった。

カウンセラーがある役割を演じていることを無視して、彼女の行動は彼女自身のパーソナリティーを反映していると受け取られていたのだ。

「あなたは部下の女の子に優しいのね」と彼女に皮肉を言われた彼が、「仕事でやっているだけだよ」と弁明する。

しかし、彼女は「本当は、その娘に気があるのかもしれない。女性にだらしないのかもしれない」と、疑いのまなざしを向けることになる。

役目だから、仕事だから、と弁解しても、それは通用しないのだ。

◎「先入観の魔術」——音声を消したビデオで、ある女性を映したところ……

「あの人は、いつもエッチな話ばかりしているのよ。セクハラすれすれね」と、若い女性のうわさにのぼる上司がいる。こんな男性が、まじめな顔で仕事の話をしていても、一また、くだらない話をして暇つぶしをしている。いやらしい顔つきね」と見なされやすい。

ある女性が話をしている場面を音声を消してビデオで見せ、その女性の人柄を評価してもらうという心理実験がある。実験では、このビデオを見せるとき、ある人には「これはセックスに関する会話をしています」と説明し、ほかの人には「これは政治に関する会話をしています」と説明した。

そうしたところ、セックスの話をしていると説明された人は、このビデオに出てきた女性を「不安そうで、落ち着きがない」と見なしたのである。政治の話をしていると説明された場合には、このようなことはなかった。**同じふるまいであっても、それを見る人の先入観によって、評価が変わってくる**というわけだ。

彼女のことを「清楚で、真面目で、家庭的な女性」と考えている彼は、たとえ彼女が友達とエッチな話をしているのを見ても、「人生や愛、仕事の話をしている」と推測するだろう。これも類似の現象だ。

美人が席を立ったとき、「トイレに入ってオナラをしてくる」と予想する男性はいないだろう。何とも不公平な話だ。

◎「彼（彼女）はどんな人？」——人物評価のメカニズム

スーパーのレジで順番を待っているとき、すぐ前の女性が、次のような食料品を購入していた。

- 豚肉（五〇〇グラム）
- 食パン（一袋）

•にんじん（一袋）
•小麦粉（一袋）
•レギュラー・コーヒーの豆（一缶）
•りんご（三個）
•じゃがいも（一袋）

あなたは、この女性をどんな人物だと考えるだろうか。

ある管理職の研修会で、この女性の印象を尋ねたところ、「細身で背が高く、メガネをかけている。計画性のある人。今日はカレーライスをつくるらしい」という答えが返ってきた。

買い物の内容から、人柄ばかりでなく、容姿までイメージしたのである。

ある心理実験によると、このような買い物をした女性は「計画性があり、倹約家で、良妻である」と見なされることがわかった。

ところで、この買い物のリストのうち、「レギュラー・コーヒーの豆」を「インスタント・コーヒー」に変えると、この女性は「怠惰で、買い物に計画性がなく、浪費家で、悪妻である」と見なされた。

これはアメリカで行なわれた心理実験だが、買い物の内容によって対照的なイメージが生まれたのである。こうした結果には、女性へのステレオタイプな見方や、「コーヒーが大好き」というお国柄が関係していると思われる。

レトルト食品や冷凍食品、出来合いのお惣菜《そうざい》類などを買うと、インスタント・コーヒーの場合と同じように、悪妻イメージをもたれるかもしれない。

「お休みの日は、時間のかかるお料理をつくるようにしている」と公言したり、手づくりのお弁当を職場に持参したりする。こうすることで、あなたのイメージがさらにアップするだろう。

ある女性の行動を、次のような場面で目撃した。あなたは、この女性にどんな印象をもつだろうか。

①その女性が、階段の途中で、倒れた女性を助けるシーン。

②その女性が街頭募金に協力しているシーン。

③その女性が、ホテルの前で男性に声をかけられ、その男性と並んで歩き出すシーン。

④その女性が飲み屋に入り、あとで別の男性と出てきたシーン。

あなたはどんな女性だと考えただろうか。こうした場面を利用した心理実験によると、評価は二つに分かれた。

第一は、矛盾するシーンをお互いに関連づけて評価する「関連づけタイプ」。このタイプの人は、細部にこだわらないで、総合的に、この女性を評価した。

第二は、どちらかのシーン（多くの場合、評価を低める場面③や④）だけで評価し、他のシーン（評価を高める場面①と②）を無視する「単純化タイプ」。このタイプの人は、細部にこだわり、この女性をとかく悪く評価する傾向があった。

「単純化タイプ」の人は、伝統を重んじる、権威者に無条件で服従する、よく知らない人を嫌ったり、偏見をもったりする、曖昧《あいまい》な事柄があるとイライラする、何でも「よい・悪い」といった単純な基準で割り切って判断する、という特徴がある。

とくに、単純化タイプの人には「新近効果」が生じやすい。新近効果とは、ある人についての印象が、もっとも新しい情報だけでできあがることである。先の例では、③と④の情報が、その女性の印象を決めてしまうことになる。

たとえば、真面目で仕事のできる人が、あるとき大きなミスをしたとする。新近効果が働くと、「彼は期待通りの人間ではなかった」と、ダメの烙印《らくいん》を押されるというわけだ。

ところで、「注意減退仮説」と呼ばれる現象がある。これは、ある人についていろいろな情報があるとき、**どの情報に関心を向けるかによって、その人についての印象が変わってしまう**というものだ。

先の例で、男性との関係に注目した人は、人助けや募金に注意を向けなくなる。そのため、この女性についての印象が悪くなるというわけだ。

「李《り》下《か》に冠を正さず」というが、疑惑を招くような言動はできるだけしないに限る。

コントラスト効果

CMでは、わざと矛盾した情報を流すことがある。たとえば、青汁を飲んで「ウー、まずい」と言ってから、納得した表情で「もう一杯」とコップを差し出すCMがあった。コントラスト効果（まずそうな顔から、一転、おいしそうな顔になる）が新近効果に相乗効果をもたらすことになる。

◎なぜ美人やハンサムには点が甘くなる？

身体的な魅力のある人は、男も女も、ともに他人から「より好ましい人間である」との評価を受けやすい。

たとえば、身体的な魅力が高いと見なされた人は、「好奇心が強い、洗練されている、見る目がある、自信がある、意志が強い、幸せである、活発である、愛想がいい、率直で真面目、腹蔵なく何でも話す、融通がきく」と好意的に評価される。

また、身体的な魅力が高い人は、「社会的に望ましい性格をもっている、仕事で成功する、結婚の適性がある」などと、好意的に評価される。

たとえば、こんな実験がある。女性が書いたエッセーを男性に評価してもらう。そのとき、エッセーと同時に魅力的な女性の写真を添えておく。すると、エッセーに対する評価点がグンと高くなることがわかっている。

同様に、ハンサムで長身の男性を見ると、女性は、「人柄もよさそうだし、出世しそうだし、仕事もできそうだ」と胸を高鳴らせるということになる。ただし、実際も見かけ通りのすばらしい男性とは限らない。見かけ倒しの、中身のないつまらない男性にすぎないかもしれないからだ。くれぐれもだまされないようにしたいものだ。

人の魅力は、顔形や目鼻立ちの良し悪しだけで決まるものではないらしい。

魅力は、次のようなポイントで高められるという。

きれいな髪であること、歯がきれいで、口臭がないこと、咳《せき》をするときのエチケットに気をつけること、品がよくて、清潔であること、そして、話すときの目の配り方が上手であることなどである。

こうしたポイントが、男女ともに魅力を高める要因になっているようだ。**見かけの魅力は、その人の身体的な特徴ばかりでなく、美しくふるまったり、清潔感を与えたりすることによって高まる**といえそうだ。

ハンサムで、ブランドもののスーツを着た、清潔感のある男性が上品にふるまえば、どんな女性だって、グラッとくるにちがいない。

では、特別に身体的な魅力もなく、高級な衣服を身に着けることもできない人はどうすればいいのだろう。清潔感と、気品のあるふるまいを武器にするしかない。

逆に言えば、いかにファッショナブルに装っても、清潔感と気品がなければ、自分の魅力を高めることはできないといえそうだ。

COLUMN 3

その気になる「させる」テクニック

「効力感（efficacy）」という言葉がある。効力感とは、「自分はある結果を生み出すために必要な行動がうまくとれる」という実感をもつことである。

心理学者の故波多野《はたの》誼余夫《ぎよお》氏らによると、効力感をもっている人には、次のような特徴が見られる。

①努力すれば、自分を取り巻く環境や自分自身に好ましい変化が生じるはずである、との見通しや確信をもつことができる。

②生き生きと環境に働きかけることによって充実した生活をおくることができる。

たとえば、自分から「おはようございます」と挨拶すると、同僚が挨拶を返してくれる。自分が相手に働きかける（声をかける）と、その相手は自分の働きかけに応えてくれる（返事を返す）ことになる。こうした手応えがあるとき、効力感がもてる。

効力感があると、「毎日、いつでも、どこでも、だれにでも、挨拶しよう」と、その気になるものだ。その結果、職場や家庭などでの人間関係が円滑になり、日常生活が楽しくなるので、充実感が生まれるのだ。

また、話し合いの場で発言したとき、自分の意見が尊重されたり、採用されたりしたときにも効力感がもてる。リーダーは小さな意見にも耳を傾けて、参加者全員が効力感をもって話し合いに臨めるように会議を運営する必要がある。

効力感がもてるように配慮すると、日ごろ発言しない人でも、「何か発言してみよう」と、その気になるものである。

★内発的動機づけ

夏休みを利用して、家族で尾瀬のハイキングを楽しんだとき、おもしろい発見をした。

何年か前、まだ幼稚園児だった長男は、「次の休息所まで行ったらジュースを飲むことにしよう」などと励まされながら、長い木道を歩いていた。いわば、馬の鼻先にニンジンをぶら下げたような状態で、彼は木道を歩かされたことになる。

今回、中学生になった彼は、ずっと先頭に立って、みんなを引っ張るようにして歩いた。もうニンジンは必要でなくなったのだ。彼のなかで、何かが起こったのだろうか。

パズル解きを応用した心理実験がある。「パズルが解けたら、ほうびがもらえる」グループと、「パズルを解いても、何ももらえない」グループをつくる。このパズル解きの途中から、どちらのグループにも、ほうびを出さないようにした。

そうしたところ、「パズルが解けたらほうびがもらえる」グループでは、パズルを解く人が少なくなった。ほうびがもらえなくなったので、パズルを解く意欲が失われたのだ。

「ほうびをもらうためにパズルを解く」のは、外発的動機づけによる行動と呼ぶ。ほうびをあげたり、ほめたりして、報酬でその気にさせるのは、外発的動機づけを利用していることになる。

この実験のように報酬がもらえると、内発的動機づけ（自分の意思や興味などで学習したり、行動したりすること）が低下しやすいことがわかっている。

逆に、報酬がないのにパズル解きをしていた人は、「パズルが解けるとおもしろい」とか、「もっと違うパズルを解いてみたい」などと、内発的動機づけが高まったことになる。

一般に、私たちは安易に報酬が得られる（外発的動機づけによる方法）と、「自分の意思で行動している」という自己決定の意識が希薄になり、自発的に行動する意欲を失いやすくなるわけだ。

冒頭で紹介した長男は、知的好奇心（珍しい花が咲き、魚が泳いでいる）や達成動機（何時何分ごろ、目的地に着こう）などの内発的動機づけをもつことができたので、ニンジンなしで木道を意欲的に歩くことができたのだ。

★無償の行為

知的好奇心や達成動機に駆られて仕事をしている部下は、何も言われなくても、見返りがなくても、積極的に仕事に取り組むことができる。

自分から進んで仕事をしたり、趣味を楽しんだり、人を愛したりするのは、いわば無償の行為であり、内発的動機づけによる行動である。

子どもに山野のおもしろさを教え、自然を好きにさせるのが親の役目なら、部下に仕事のおもしろさを教え、仕事を好きにさせるのは上司の役目ということになる。

ところで、自分の仕事に対して、つねに報酬が与えられたり、評価がなされたりすると、私たちは「よりよい報酬や、より高い評価を得るために仕事をしている」との思いが強くなる。

こうした状態が続くと、「自分は報酬や評価のために働いているのであり、自分が行動の主体になっていない」との実感が強まる。ときには、「何のために働いているのかわからない」といった無力感にさいなまれる人が出てくることになる。

報酬や評価などを駆使して、外発的動機づけで部下を動かしても、部下の頑張りは長続きしないものだ。部下自身が内発的動機づけを見つけて、頑張るようになれば、まさに「鬼に金棒」といえる。

第4章

ゴキブリ博士の「人間観察記」

――「今、あなたの姿を壁板の隙間から見ています」

第1話 「親しい他人」
——お互いに都合のいいこんな関係

ボクは、ゴキブリ。自称・心理学者である。

好物にありつけるというわけでもないのに、退屈すると、何となく本屋にやってきてしまう。

楽しみの一つが人間観察である。足元から、真横から、頭上から、いろんな角度から、好きなだけ人間の生態が観察できる。これはゴキブリであるボクの特権である。

今、あなたの姿を、壁板の隙間からこっそり見ている。

本屋では、ファストフード店のような、サービス精神旺盛な、明るく張りのある声など、ついぞ聞いたことがない。たいてい、暗く、重い声で、無表情なまま、

「ありがとうございました」というのが関の山だ。

表情とは、他人とのふれ合いの可否を決める信号機である。

好きな人が身近にいれば、相好《そうごう》を崩し、微笑みがあふれ、視線はその人に向けられる。この表情は青信号。ところが、嫌なヤツがそばにいて、話したくないときには、物思いにふけっているような、あるいは、他人に無関心な表情を装い、視線が合わないように画策するだろう。このときの表情は赤信号。

ところで、この無表情という表情は何だろうか。

無表情を実験的につくるのは、実にむずかしい。無表情のビデオづくりを目にする機会があったが、ずいぶん難儀《なんぎ》していた。

ある辞書によると、無表情とは「表情の乏しいさま」と記されているが、実際には、これがきわめてはっきりした赤信号の表情になることがある。

書店のレジでの、店員と客のやりとりを見ていると、どちらもお互いに無表情である。客は読みたい本が見つかったのだからうれしいはずなのに、店員は本が売れたのだからうれしいはずなのに、微笑まない。なぜだろう。

混雑したレジは、聴覚的入力（客の注文や問いかけ）、視覚的入力（本の識別や値段の読み取り)、嗅覚的入力《きゅうかく》(化粧やほこり)などの過剰負荷の状況にある。

人は短時間のうちに、すべての刺激情報を処理することはできない。したがって、入力過剰なときは、それを減らす手立てを考えなくてはならなくなる。

アメリカの社会心理学者スタンレー・ミルグラムによれば、人は次のような順応手段を駆使しているという。

①それぞれの入力に対して、できるだけ短い時間を割り当てる。たとえば、用件以外の余計な話をしないようにする。

②優先順位の低いものは排除し、個人的な接触をしないようにする。たとえば、どちらでもよさそうなことにはかかわらないようにしたり、自分の感想や意見を話したり、相談相手になったりしないようにする。

③別の当事者に責任を押しつける。たとえば、「係が違います」とはねつける。

こうした順応手段を行使するには、無表情でなくてはならない。表情が赤信号であれば取りつく島がなくなるからだ。

近くに住む某サラリーマン氏は、あるビジネス雑誌の発売日に必ず書店に立ち寄る。レジの女性店員とは顔なじみのはずなのに、特別な挨拶《あいさつ》はなく、お互いに無表情である。天井からこの様子を見ていると、実に奇妙だ。

このように、顔はよく知っているが、挨拶したことも、話をしたこともない人を赤の他人と区別して〝親しい他人〟と呼ぶ。過剰負荷環境では人間関係を制限し、匿名《とくめい》性を保とうとするから、お互いに親しい他人のままでいるのだ。

店員と客との間に匿名性があれば、客は自分の好みや趣味がわかってもかまわないと思う。だからこそ、どんな本であってもレジに差し出すことができる、という次第だ。

親しい他人を演じ続けるためには、無表情という表情によって、客も店員も、お互いに個人的な関心がないことを相手に伝え合う必要があるのだろう。

また、**お互いに無関心を装い合うことで、ストレスに満ちた、混沌《こんとん》とした、雑多な環境に何とか順応している**と考えることができる。

こうした意味では、無表情が人間関係にプラスに作用している、といえるのではなかろうか。

第2話

ポータブル・テリトリー
――突然、彼女が後ずさりした理由

ゴキブリのボクが、書店の床を壁にそって歩いていたとき、突然、真っ黒い大きな弾丸がボクを襲った。とっさに身をかわして難を逃れたのだが、間一髪で命拾いをした。

天井に飛び移って、振り返ってみると、その黒い弾丸は、若い女性店員の靴のヒールだった。ボクの観察によると、彼女はボクを殺そうとしたのではなく、客と話をしていて、突然、足を動かし、そこに、たまたまボクが行き合わせたということだったらしい。

なぜ、彼女は、突然、後ろに下がったのだろうか。あれこれ尋ねていた男性客が彼女に近づきすぎた。これが、その理由だ。

また、最上段の書架の上を歩いているとき、立ち読みしている男性客の前に目的の本があるため、その周りをウロウロしている女性客を見かけたことがある。本は欲しいが、本を取るためにはこの男性に異常接近しなくてはならない。この女性は、こんなジレンマに陥っていたにちがいない。

動物と同じで、**人間もテリトリー（なわばり）をもっている**ことが知られている。人間の場合は、家や職場にテリトリーをつくるほかに、テリトリーを持ち運んで生活している。

これがポータブル・テリトリー（携帯用のなわばり）である。

親友の心理学者・渋谷某《なにがし》が標準的なポータブル・テリトリーのサイズを調べている。それによると、相手や状況によって違いがあるそうだが、**体の前が約一五〇センチ、側面と後ろが約一〇〇センチの空間**だという。

前述の女性店員が後ずさりしたのは、男性客が彼女のポータブル・テリトリーに土足で踏み込んだからである。女性客がウロウロしたのは、男性客のテリトリーに侵入したくなかったからである。

安心できる快適空間とは、他人のポータブル・テリトリーの圏外である。このテリトリーが守られれば、かなり狭い場所でも、知らない者同士でも、それなりにうまくやっていくことができるはずだ。

ポータブル・テリトリーのサイズは人それぞれである。たとえば、他人と一緒にいるのが好きな人（親和欲求が高い）や、外向的な性格の持ち主のサイズは小さい。ところが、不安傾向の高い人、内向的な性格の持ち主、暴力的な性向をもった人のサイズは大きい。

一般に、親しい人より知らない人に対して、また、同性より異性に対して、より大きなポータブル・テリトリーが必要になるそうだ。この点から、ポータブル・テリトリーは伸縮すると考えられている。

店員が後ろを通るたびに、体をゆすったり、ギョロリと一瞥《いちべつ》をくれたりする客がいる。これは要注意人物だ。

というのは、暴力的な性向をもった人間は、体の後ろのポータブル・テリトリーが普通の人より大きいことが知られているからだ。

何気ない接近が、相手を不安に陥れたり、相手に不快感を与えたりするおそれがある。近くを通り過ぎたり声をかけたりするときには、相手との距離に気をつけたほうがよさそうだ。

ポータブル・テリトリーは、次のような場合にも利用できる。

第一に、相手に近づくことによって、好意や熱意を伝えることができる。たとえば、説得するときには片腕の長さ（約五〇センチ）まで接近して、熱心に話しかけると成功率が高まるという。

第二に、異常接近することによって、相手の関心を引きつけることができる。先の渋谷某の実験によれば、相手にやましい気持ちをもった人間は、その相手に近づけないそうだ。

逆に、そうした相手に近づかれると、その当人はかなり緊張することになる。これは万引き防止に役立ちそうだ。

第三に、相手から約三メートル離れると、話し合ったり、自分の仕事をしたりしやすくなる。

これは、客にとって店員の存在がわずらわしくなく、また、必要なときには気軽に話しかけることができる距離だといえる。

第3話

「なわばり荒らし」
——テリトリーには先着順の原則がある

例によって、ボクが天井につかまって店内を見下ろしていたある日のこと、挙動不審な若い女性が目に入った。

こんな美人が万引きか？　と思いながら見ていると、彼女はときどき小さなメモ用紙を取り出しては、小さなボールペンで何やら書き込んでいる。

後日、この話を親友の心理学者・渋谷某に話したところ、さらに驚かされた。彼女は彼の諜報《ちょうほう》部員だったのである。ボクが見た若い女性は、彼のゼミの学生、伊藤香織さんで、そのとき彼女が書いたというレポートを見せてもらった。

香織さんは、都心の大きな書店の雑誌の棚の前で、これ以上ほかの人が割り込めないくらいたくさんの立ち読み人《びと》がいる状況を観察した。その結果が167ページの表である。

これは、棚の前に立つことのできない人が雑誌を取るために割り込もうとしたり、手だけ伸ばそうとしたりしたとき、以前からいた人はどう反応するかを調べたものだ。

これによれば、他人が雑誌を取ろうとしても、男性の五四％、女性の六二％はまったく動かない。さらに、約三〇％の男女は少し横に動いただけでもとの位置に戻った。立ち読み人の人間関係は実に殺伐《さつばつ》としたものだ。

この観察によると、横にずれてからもとの位置に戻った立ち読み人のうち、女性四人と男性一人は、割り込んできた人を迷惑そうにチラッと一瞥したそうだ。

もっとも、割り込む人にとっては、たとえ無言であっても、横にずれてもらったのだから、無視されるよりましかもしれないのだが。

ところで、立ち読み人は割り込み人に気がつかないほど、立ち読みに熱中していたのだろうか。

身に覚えのある人も多いだろうが、答はノーである。

「読書に熱中していると、周囲の事柄が耳目《じもく》に入らなくなる。したがって、私はあなた方の行動に気がつかない」と、しぐさや動作に語らせているのだと思う。

迷惑そうに見ている店員の視線を意識して、「おもしろくて、思わず立ち読みしてしまった」と、みずからの行動を合理化しているのかもしれない。

この観察によると、雑誌から目を離さず動こうとしないのは、男性より女性に多かった。

また、少し横に動いてもすぐもとに戻る女性は、男性より割り込み人を一瞥する割合が高かった。

この男女差は何を示すのだろうか。

立ち読み人のこうした行動は、公共の場でのテリトリー（なわばり）行動と考えられる。

こうした**テリトリーには先着順の原則があり、先に来た人の体でテリトリーの境界が維持される。**

つまり、立ち読み人は、雑誌の棚の前にテリトリーを巡らせているというわけだ。だから、人が来ても動かないか、たとえ動いてもすぐもとに戻る。

これは、テリトリーを維持し続けて、その中で自由に自分の好きなように立ち読

立ち読み人の心中やいかに?			
非言語行動	男性	女性	観察人数
雑誌から目を離さず、動こうとしない	54%	62%	50人
少し横にずれて、すぐもとの位置に戻る	30%	25%	22人
横に移動する	16%	13%	12人

割り込み人の心中やいかに?			
非言語行動	男性	女性	観察人数
手だけ伸ばす	45%	45%	37人
肩を入れる	3%	6%	4人
体ごと入る	26%	31%	24人
空いた場所に、体ごと入る	16%	14%	12人
入ろうとするがやめる	10%	4%	5人

みしたい、とのホンネの表れだといえる。

三、四人以上の人が集まって立ち止まると、そこに人垣ができやすい、ということが実験的に確かめられている。

立ち読み人が群がるのは、それだけ魅力ある雑誌が置いてある証拠といえる。

この誘因をなくせば、当然、立ち読みは減るだろうが、それにつれて売り上げも落ちてしまいかねない。

そこで、立ち読みに頭を悩まされている書店には、店員による「なわばり荒らし」をおすすめしたい。立ち読み人が固定してきたら、「ちょっと、すみません」と棚を整理したり、本を調べたりして、立ち読み人のなわばりを壊すことだ。

古いなわばりを払拭《ふっしょく》すれば、別の人がそこになわばりをつくりやすくなる。

つまり、客の気持ちを損じない程度になわばり荒らしをすることで、客の流れをつくることができるわけだ。

第4話 たかが五秒、されど五秒
――ホッとする瞬間の心理

「便器は一カ所だけでなく、いろいろなところを使ってください」

男子トイレで、こんな貼り紙を見たことがある。最初は、なぜ、こんな「お願い」が貼り出されたのか、理解に苦しんだ。

しばらく観察するうちに、その深遠な意味がやっと理解できた。

たとえば、男子用の便器が五つあるトイレで観察した結果は、次の通りだった。入り口からもっとも遠い五番目の便器の利用率は約三四%、四番目は約一五%、三番目が約二〇%、二番目が二三%。利用率がもっとも低かったのは、入り口に一番近く、洗面台の隣にある便器で、約八%。


一番奥が好まれたのは、他人に邪魔されにくく、プライバシーが守りやすい場所

だからだ。その次に、入り口から二番目と三番目が好まれたのは、一番奥の利用者（すでに利用されている場合が多い）か、あるいは、洗面台を使っている人から、便器一、二個分離れているためだろう。

つまり、トイレは小便を排泄するだけではなく、精神を解放する場としても利用されていることがわかる。

アメリカの心理学者ミドルミストたちは、男子トイレで、次のようなフィールド研究を行なっている。実験場所には三つの男子用便器があった。そこで、次の三つの実験条件が用意された。

①一方の端を「使用禁止」にしてしまい、強制的に、他人と隣り合わせで小便する状況をつくった。

②真ん中を「使用禁止」にして、両端に離れて小便する状況をつくった。

③他人がいないときに、一人だけで小便できるようにした。

特殊な潜望鏡を使って、利用者がジッパーを開けてから小便が出始めるまでの時間と、排尿の所要時間をストップウオッチで計測した。

一人分離れた便器を利用する場合と一人だけのときには、排尿行動に差はなかった。ところが、すぐ隣に他人がいるときには、排尿が始まるまでの時間が長くなり、所要時間が短くなった。

なお、一人だけでするときの排尿に要する時間は、約二五秒。一方、すぐ隣に他人がいるときには、約二〇秒。

時間にしてみれば、たった五秒の差だが、トイレを利用した人の快適さには、かなり大きな違いがあった、と解釈されている。書店に行くとトイレに入る人が多い、という話をよく聞く。なぜだろう。

第一に、「時間をかけて、じっくり本を選びたい」という、腰据え派がいるだろう。まず、トイレに行って、落ち着いた気持ちで本を物色しようとの心理である。

第二は、「時間があるから、本でも見ようか」という、暇つぶし派だ。暇だから、ついでにトイレで用を足しておこうと考える。

第三に、「書店に入るとホッとする」という、ストレス解消派がいる。ボクの観察では、この三番目のタイプが意外と多いような気がする。

書店には独特の静寂《せいじゃく》がある。人の動きは緩慢になり、ぎらついた目は本の背表紙に吸いついている。おたがいの無関心さが、ごく自然に演出されている。だから、ホッとするのである。ホッとすると、人はゆっくりトイレがしたくなる……というものだ。

書店のトイレは、駅のトイレのように混雑することがない。一人だけで、ゆっくりできる場合が多い。少なくとも、両端を利用することができる。経験的に、書店のトイレの快適さを知っている人間が多いというわけだ。

第5話 声をかけやすい人、かけにくい人

ゴキブリであるボクが、書店の薄暗い屋根裏を歩いていたときのことだ。見知らぬゴキブリ嬢から、台所に行く道を尋ねられた。ボクはとっておきの近道（実際には、壁の隙間なのだが）を教えてやった。

どういうわけか、ボクはしばしば、道を尋ねられる。暇そうに見えるのだろうか、それとも親切そうに見えるのだろうか。

同じ書店の店員でも、客からよく声をかけられる人と、そうでない人がいる。いったい、何が違うのだろう。

人は親切な他人に近づき、逆に、親切にしようとする人は他人に近づくものらしい。次の心理実験が、それを証明している。

たとえば、初対面の二人が話を始める前に、一方の人には、「相手の人は、温かくて、親切な人です」と伝えておく。そうすると、「不親切な人です」と伝えておいた場合より、その相手により近づいて話すことがわかった。

今度は逆に、「親切にふるまってください」と頼んで、初対面の人に会ってもらう。そうすると、「不親切な人だと思わせてください」と頼んだ場合より、その相手により近づくことがわかった。

つまり、「親切な人」と見なされる店員は、客から親しげに近づかれ、接客のチャンスが多くなるというわけだ。忙しい人ほど、客からモテるといえそうだ。

これとは逆に、「親切にしてあげよう」と思っている店員は、客に近づいて話しかけることが多くなるはずだ。接客上手な人は、他人に親切な人なのである。

「ちょっと、すみません」と、見知らぬ人から道を尋ねられると、何となくうれしくなる。それは、「いいことをした」との思いのほかに、「自分が親切で温かい人と見なされた」との満足感を味わうからだろう。

彼女（彼）の周りには、いつもだれかがいる。職場には、こんなモテる人がいる。

他人を引きつける人は、「親切さ」という魅力をもっているからにちがいない。

たとえば、「キャーッ！」という彼女の悲鳴が聞こえたとする。そんなとき、遠くから「どうしたの？」と話しかけたら、「不親切で、冷たい人ね」と、「百年の恋も一時に冷める」ことになる。

「大丈夫？」と言いながら、即座に、彼女の近くに飛んでいかなければならない。どさくさに紛れて、彼女の肩をそっと抱くという手もあるだろう。こうすれば、好きという気持ちをストレートに伝えることができるはずだ。

また、子どもが好きな人の周りには子どもが自然に集まってくる。逆に、そのような人は子どもを見かけると、すぐに近寄って話しかける。イヌ好きな人やネコ好きな人も、やはり同じような行動をとるものだ。

人のホンネは、こうした行動に、それとなく表れてしまうものらしい。

話は少しそれるが、声をかけやすい人とかけにくい人はどこが違うのだろうか。

上司に声をかけようとしたら、他の人と話をしている。声をかけていいものかどうか迷ってしまう。あるいは、職場でひそひそ話をしている男女の様子を見て、「あの二人、アヤシイんじゃない？」などと、芸能ニュースよろしくうわさ話に花を咲かせることがある。

「邪魔してはいけない」とか、「特別な関係にある」と感じる手がかりは、そのときの二人の姿勢にあるようだ。

二人が（第三者に対して）前向きで、顔を斜めに向かい合わせた姿勢（二人の爪先の角度が約九〇度になる）で話すと、「親しい関係にある」との印象が伝わりやすい。


ところが、同じ姿勢で、二人が後ろ向きで話すと、「秘密の話をしている」との印象が伝わりやすいことがわかっている。

たとえば、私語をしている店員に、客が声をかけようとしている。このとき、店員が後ろ向きで話していたら、客は声がかけられない。そればかりか、不快感を与えてしまうだろう。

人の「親切さや優しさ」は、他人とのちょっとしたかかわり方に表れるというわけだ。

第6話

「三顧の礼」の心理学
――見慣れたものには情が移る

「あなたと話した人は、誰でもあなたのことが好きになります」

人間には嫌われ者のボクにとっては、願ってもない話。あなたの努力次第では、こんな夢がかなえられるのだ。

友人の顔写真をフィルムで撮り、一枚はそのままプリントする。もう一枚は、ネガを裏焼きした写真を用意する。その友人に、「この二枚の写真のうち、どちらの写真が好きか」と尋ねる。

そうすると、友人は、正しくプリントした写真より、裏焼きした写真を好むことがわかった。

なぜ、このような結果になったのだろう。人は「見慣れたものを好きになる」という原則がある。

これは「単純接触の仮説」と呼ばれるものだ。

友人は、あなた自身がいつも見ている顔より、鏡に映った顔（左右が逆転した顔）を見慣れている。だから、反転した写真のほうが好きなのである。

「単純接触の仮説」では、人の顔だけでなく、マークや文字なども、繰り返し目にしたものを好きになりやすい。

たとえば、他人の顔写真を見る回数が、一、二、五、一〇、二五回と多くなるにつれて、その人に対する好意度が順次高まることがわかっている。

選挙が始まると、候補者はできるだけたくさんの人と顔を合わせようとする。笑顔を見せるだけでなく、腫《は》れ上がった手を氷で冷やしながら握手しまくる。温かい人柄を伝えたり、好きになってもらったりするには、こうした戦術がベストだからだ。

ただし、最初の印象が悪いと、この仮説は成り立たないらしい。

「三顧《さんこ》の礼を尽くす」という言葉がある。**第一印象をよくして足繁《あししげ》く通えば、好きになってもらえる**というわけだ。

「毎朝、鏡で自分の顔を見ているのに、どうしても好きになれない」という人は、生まれつき自分の顔が嫌いなのかもしれない。

かつて「世界でもっとも優秀な自動車セールスマン」と称された、デトロイトのジラードという男性。彼は約一二年間、毎年ナンバーワン・セールスマンのタイトルを独占した。一日平均五台以上の車を売ったことになる。

成功の秘訣は、公正な価格を示すことと、繰り返し顔を合わせることで、「この人からなら買ってもいい」と客から好かれることだという。これは、簡単なようで、案外むずかしい。

たとえば、車のセールスマンは、下取り車を調べるとき、ユーザーの趣味や好み、家族構成などをチェックする。

トランクの中やシートの上にゴルフのクラブやボールがあったら、「私はゴルフが好きで……」と話しかける。子ども用のシートがあれば、「私の息子も車に乗るのが好きで……」と、自分の子どもの話をする。

いずれも、客の特徴を把握して、相手と自分がよく似た人間であることを強調するセールストークだ。

一般に、**似た者同士は好意をもちやすい**（類似性の要因と呼ばれる）ことがわかっている。「類は友を呼ぶ」のである。

これを応用して、彼女（彼）をデートに誘うという手がありそうだ。

COLUMN 4

お楽しみは最後の最後に

次の場面で、待つことのできるギリギリの時間を考えてほしい。

①ファストフード店で注文品を受け取る時間。
②東京で、青信号で発車しないとき、後続車がクラクションを鳴らすまでの時間。
③新車の高級車が、青信号で発車しないとき、後続車がクラクションを鳴らすまでの時間。
④約束の時間を過ぎてイライラし始める時間。

回答①三二秒（ラーメン店では六分）回答②四・二秒（大阪では一・八秒）回答③八・五秒（前の車がオンボロ車のときには六・八秒…米国人）回答④相手が同性…女性一七分・男性一八分／相手が異性…女性一八分・男性二二分

★「お待たせしました」と、あやまるわけ

アメリカの精神医学者インセルは、「待たせることには従属の効果がある」と述べている。

第一に、待たせる人の時間は、待つ人の時間より価値が高いとみなされる。

第二に、待たせる人は、待つ人の時間を左右する権限をもった優位な立場にあるとみなされる。

平民宰相《さいしょう》と慕われた原敬《はらたかし》は大正期に活躍した政治家である。訪問客を待たせたとき、最初の人には、「あなたとは早く話したかった」と挨拶し、最後の人には「あなたとは（用件を片付けてから）じっくり話したかった」と語りかけたそうだ。

原敬は、従属の効果を高めるために、このような常套句《じょうとうく》を好んで使ったのだろう。訪問客は、このひと言を聞いて、原敬に敬愛の念をもったのだ。「お待たせして申し訳ありません」の言葉には、こうした心理効果があるのである。

「待たされる」と予想したときには、実際に待たされても不快感が少ないものだ。

逆に、待たせるときには、あらかじめ「待たせる時間や日時」を相手に伝えておけば、従属の効果が弱まるはずだ。

第5章

相手の心を上手に透視する方法

――人間関係が劇的に変わる「実践心理術」

1

「そのとき」の深層心理を覗いてみると……

◎サッチャー錯視――なぜ「似ても似つかぬ顔」が同じに見える？

ちょっと品は悪いが、両足の間に首を突っ込んで、股のぞきで同僚の顔や職場の風景を見てみよう。

政治家などの著名人の顔写真でも、正位置から一八〇度まで回転させて見ると、それがだれだか、だんだんわからなくなる。一八〇度では正解率が二〇％にまで下がる。

網膜上での顔の向きが日常経験と異なると、だれだかわかりにくくなる。だから、つまらない上司の顔や見慣れた風景も、股のぞきをすると新鮮さが出ておもしろいというわけだ。下のイラスト（注：

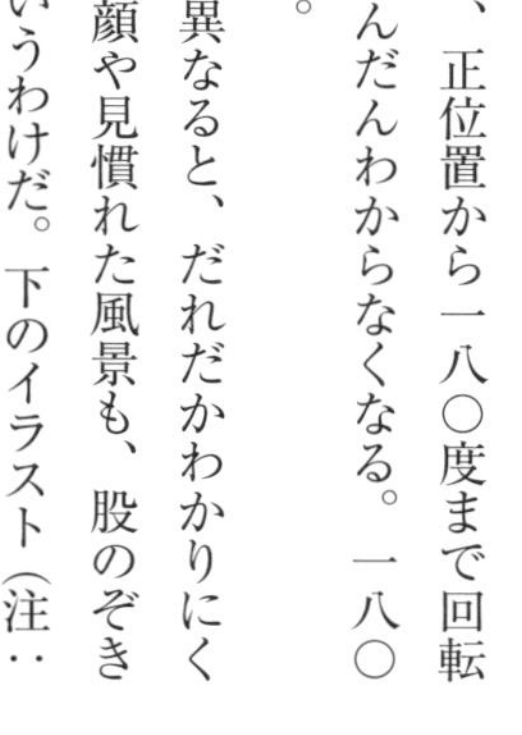

上下を間違えたわけではない）は同じ絵であるように見えるかもしれないが、上下を逆転させて正しい位置にすると、とんでもない顔が見える。

この心理効果は、イギリスの心理学者トンプソンがサッチャー前首相の似顔絵を利用して発見したことから、サッチャー錯視と呼ばれている。

逆さの位置で見ているときには気がつかないかもしれないが、顔の輪郭と目鼻の向きが逆になっている。そのため、正しい向きで見ると、異様な顔つきになる。

顔全体の印象は目、鼻、口、眉《まゆ》、輪郭などの部分が総合されて決まる。だから、**目と口がおかしいと、全体の印象がめちゃくちゃになる**というわけだ。

ちなみに、小さな子どもは、他人の顔のパーツを総合して全体の印象をつくりあげることができない。

ある研究によると、大人の女性が髪型を変えたり、メガネをかけたり、服を着替えたりすると、八歳児になっても約五〇％は同一人物かどうか見分けがつかなくなった。「赤頭巾《ずきん》ちゃん」の話では、オオカミのちょっとした変装で、見慣れたおばあさんの顔を間違えてしまうが、これは、こんな子どもの特徴から生まれたのかもしれない。

◎〝表情〟という名の暗号をどう解読する？

「喜び」という感情を伝えるための顔の表出行動は、笑顔と呼ばれている。

ただし、笑顔という符号化が「喜び」であるかどうかは、前後の行動を観察しなければ決定することができない。困ったときの「苦笑い」という感情を符号化したものかもしれないからだ。

また、この符号化を「喜び」ととるか、「困惑」ととるかは、表情を見た人の解読化に左右される。

ところで、「喜び」という感情をもったとき、それを上手に符号化する人もいれば、それをまったく符号化しない人もいる（この場合には、喜んでいることが周囲の人にはわからない）。

さらに、「喜び」という感情を符号化しても、それを「喜び」とすぐ解読できる人もいれば、できない人もいる（この場合には、他人の気持ちがわからない）。

心理学的に深く考えると、感情をわかり合うのは、本当にむずかしいことなのである。

うまくいっていない夫婦は、この符号化と解読の仕方に問題があることがわかっている。たとえば、妻が悲しい顔をしているのに、夫がそれに気づかない、というズレが夫婦の亀裂を深くする。

男女がデートを繰り返すのは、こうした符号化と解読の仕方のコンセンサスを確認するための行動だといえる。こうした符号化と解読の仕方は、やがて「二人だけの暗号」になるだろう。

ある研究によると「喜び」の的中率は、顔を見ただけで九〇%になるが、声と顔では八〇%になり、声だけだと四〇%に低下した。

うれしいときには、黙って笑顔を見せるのが一番なのである。

また、別の研究によると、「喜び」は頬《ほお》と口の部分を見ただけで九八%の的中率になり、これに目とまぶたの部分が加わると九九%になった。つまり、うれしいときはサングラスをしていてもいいが、マスクをしていると、その気持ちが伝わりにくくなるのだ。

◎人物鑑定——性格を読む三つの心理テスト

昼食どき、数人の同僚が連れ立ってレストランに出かけた。

ここで心理テストをしてみよう。数人の同僚と店に入ったあなたは、どの席に座るだろうか。

①全員が座ったあと、空いた席に座る。
②通路側の席に、先に座る。
③一番奥の正面の席に、先に座る。

リーダーが好んで座る席は、テーブルの短い辺の正面席か、長い辺の中央の席である。③と回答した人はリーダーシップがあるといえる。

ちなみに独裁者ヒトラーは、青年のころ、レストランの一段高くなった、店全体を見渡しやすい奥の席が好きだったそうだ。

②と答えた人は、自分が会話の中心になるのを嫌うタイプ。三人でカウンターで飲

むときには、二人の真ん中に座るのを避けようとするだろう。

①と答えた人は、成り行きまかせ。リーダーシップには欠けるかもしれないが、適応力があるといえるだろう。

③と答え、席に座るや否や真っ先に注文する人は、かなりリーダーシップがあるといえる。しかし、メニューをじっくり見ると、もっとおいしい料理があるかもしれないわけだから、自己中心的で、軽率な判断をする人といえるかもしれない。

あなたはどこに座る?

喫茶店で、四人掛けの席に座ることになった。相手が先に座ったとき、あなたが相手の正面に座ったら外向型性格(リーダーシップのある行動的な社交家)である。あなたが正面を避けて斜めに座ったら内向型性格(控えめで思慮深く粘り強い)である。ただし、初対面の場合には斜めの座り方が多く見られる。

もう一つ、心理テストをしてみよう。

数人の同僚と、書類の整理をすることになった。デスクの上に積み上げられた書類の山から、どのくらいの分量をつかみ取るだろうか。

①三分の一程度
②二分の一程度
③三分の二程度

「社会的評価に対する懸念」という現象がある。**人は、自分が関係している社会の規範にふさわしい行動をとりたいと考えている。**

③と回答をした人は、社会的評価に対する懸念がもっとも強い。周囲の思惑と一致するような行動をとろうとするわけだ。

①と回答をした人は、他人の評価をもっとも気にしないタイプ。他人の評価を気にしないでマイペースで仕事をするだろう。

②と回答をした人は、何事にも、常識的な行動をとるタイプといえる。

ところで、レストランに入ったとき、「今日の日替わり定食は何?」とか、「今日のおすすめは?」と、店の人にあれこれ聞いてから注文する人がいるが、これは周囲の人の評価を気にしている証拠。社会的懸念の強い③の回答をする人が多いと思われる。
こんな人は、いつも上司や同僚の目を意識しているので暴走することはないだろう。
しかし、八方美人のええかっこしい、と見なされるかもしれない。

さらに心理テストを続けてみよう。五人の同僚とかなり重要な話し合いをしているとき、賛否両論の意見が出てきた。そのとき、あなたはどうするだろうか。

①自分以外の四人が同じ意見だったら、自分の意見を変える。
②一人だけの意見であっても、最後まで主張する。
③一人でもいいから、賛同者を増やそうとする。

多数の人が同じ意見であることがわかったとき、あえて自分の意見を変えて、多数の人の意見に合わせることを同調という。
①と回答した人は、同調性がもっとも高いといえる。とくに、仲間はずれにされるのをおそれる場面で同調性が高くなる。

②と回答した人は、自己主張を曲げない頑固一徹なタイプ。同調性がもっとも低いといえる。

③と回答した人は、議論好きで根回し上手。一人でも賛同者がいると、自分の意見が主張しやすくなるからだ。

レストランで仲間の意見を聞いてから自分の注文を決めるという人は、同調性が高い。同僚としては、つき合いやすいタイプかもしれない。

しかし、多数派の意見に引きずられやすいので、いざというときに裏切られることがあるかもしれない。

◎なぜ？「お金と心」、この微妙な関係

あてはまるものに✓印をつけてみよう。

□①安売りというだけで、必要もないのに、とくに欲しくもないのに、それを買ってしまう。

□②十分な資金があるのに、お金を使うことに罪悪感がある。
□③自分の財布やポケットに入っているお金が、一円単位で計算できる。
□④余分なお金は、投資するより銀行に預金する。
□⑤自分より多額のお金を持っている人に劣等感をもつ。
□⑥他人のためには惜し気もなくお金を使うが、自分のためにはケチケチする。
□⑦お金にかなり余裕があっても、他人には「余裕がない」と公言する。
□⑧正当な理由で私的財産を明らかにしなくてはならないとき、不安になり、思わず防衛的になる。
□⑨最後に頼りになるのはお金だと思っている。
□⑩金持ちを見下すことがある。

この項目は、ゴールドバーグという臨床心理学者が書いた「金銭狂」を参考にしたものである。これらの特徴をもつ人は、お金にからんだ神経症的な問題を起こしやすいとされている。

たとえば、⑨のような守銭奴《しゅせんど》は、他人の愛情が得られないので、お金をためることで、それを補償しようとする。

何らかの不安を感じている人の防衛意識が、こうした非合理的なお金の処理法に表れるというわけだ。

このチェックリストで、過半数に✓印をつけた人は、お金の扱いに要注意といえるだろう。

◎目に見えない圧力――〝高級車〟にクラクションを鳴らせない心理

赤信号で止まったとき、信号が青に変わっても、十二秒間発車せず、すぐ後ろについた自動車がクラクションを鳴らすまでの時間を計測した。これは自動車王国アメリカで行なわれた心理実験だ。

すると、前の車が新車の高級車クライスラーのときは八・五秒で、中古のオンボロ車ランブラーのときは六・八秒だった。しかも、後続車がクラクションを鳴らさなかったケースは、クライスラーで一八件、ランブラーで六件だった。

これは「社会的勢力(ソーシャル・パワー)」と呼ばれる現象だ。

一般に、「金持ち」＝「高級車」＝「高い地位」＝「社会的勢力のある人物」という図式がある。

社会的パワーに押されて、クラクションを鳴らすのをためらったり、遅れて鳴らしたりすることがわかる。

高級車に乗ったり、高級ブランドを身に着けたり、高級家具を買い揃えたりするのは、こうした心理が働くからだろうか。

この論理からすると、「お宅様のステータスでは、この高級百科事典（あるいは絵画集）全巻をお揃えになっていらっしゃるご家庭が多いようでございます」とセールスすると、買ってもらえる確率が高くなりそうだ。

ついつられて……

スーツとネクタイ姿で青信号になる前に横断歩道を渡り始めると、たくさんの人がつられて歩き始めるという心理実験がある。フォーマルスーツを着ている男性や女性は社会的地位が高く、その判断には正当性があると考えられているからだ。

◎得になることを強調しすぎると、かえってマイナスになる！

ほとんど同じ商品であるにもかかわらず、極端に値段の違う商品がスーパーマーケットの棚に並んでいるとき、あなたは、迷わず安いほうを買うだろうか。

アメリカのスーパーマーケットの入り口で、「Xブランドの食パン（一斤《きん》二五セント）をお買い上げの方には、レジで三五セント贈呈」というパンフレットを配付した。一斤のパンを買うと一〇セントも得することがわかると、Xブランドのパンを買う人が少なくなった。

ある行動をとって得られる報酬があまりに高額であると、人は他人から「当然、そうすべき」と強制されたと感じる。

他人からこうした圧力を受けた人は、「脅かされた行動の自由を回復しようとして、すすめられた行動を

あえて敬遠する」と解釈されている。

「この商品をお買い求めいただくと、こんなにお得です」と、得になることを強調しすぎると、かえってマイナスになるというわけだ。

ただ、何事にも例外はつきもの。

実際には「威光を着た人間には逆らいたくなる」「背に腹はかえられない。安いに限る」という人もいるだろう。

◎しゃべる人、しゃべらない人——好感度はここで分かれる!

「それは、こうしたほうがいいんじゃないですか」と発言したために、その企画の責任を押しつけられてしまい、「言わなければよかった」と悔やんだことがある人。

彼女がつくった料理を食べながら、「ちょっと塩味が足りないんじゃないか?」と言ってしまったら、このひと言が命取りになり、「それなら、今度からあなたがつくってよ」と、料理当番を押しつけられてしまったという人。

こんなことがあると、言いたいことがあっても、先々のことを考えて言いそびれてしまう。

また、会議のときは、話の口火を切って発言する人がリーダーになりやすい。

これは多くの人が経験的に知っている原則だ。なかには、これをおそれて、意識的に発言を控えるという人がいる。

ある心理実験によると、グループ討論でもっともよく話した人が「リーダーにふさわしい人物」と見なされやすく、実際、リーダーに選ばれる確率の高いことがわかっている。

それでは、どの程度の割合で話すと効果的なのだろう。

これは男女の会話の場面である。いずれか一方が会話全体の八〇％、五〇％、二〇％の時間を話しているテープを聞き、それぞれの人にどんな印象をもつかが調べられた。

八〇％話した男性と女性は、いずれも、「温かく、友好的で、知的で、社交的」と評価された。

二〇％しか話さなかった男性と女性は、「冷たくて、非友好的で、知的でなく、内向的」と評価された。

ところが、全体の八〇%を話し続けた男性は、先の印象のほかに、「思いやりがなく、無礼で、配慮に欠ける」とも見なされたのだった。

一般に、**おしゃべりな女性は好意的に評価される。しかし、おしゃべりな男性は、「いい人だが、思いやりに欠ける」と、マイナスの評価を受けるおそれがありそうだ。**

「口は禍《わざわい》のもと」というが、実際には、おしゃべりしないと損をすることが多い。黙っていると、冷たいネクラ人間と見なされかねないからだ。

ドンドンおしゃべりして、ドシドシおしゃべりの責任を引き受けているうちに、リーダーとしての資質が備わってくるにちがいない。

おしゃべりは話し合いのムードを盛り上げる。たとえ「くだらない」と思われるような意見でもいいから、ドンドン発言することが大切なのだ。

2 交渉・説得の武器としての心理学

◎【会議の心理戦争①】〝指定席〟をつくりたがる心理

会議では、始まる前から激しい心理戦争が展開される。

たとえば、角テーブルで会議が行なわれるときなど、参加する人がかなり熾烈《しれつ》なイス盗《と》りゲームを展開することがある。人間は、なぜこんなゲームに熱中するのだろうか。

第一に、何度か同じメンバーで会議をすると、それぞれ自分の指定席ができる。これは会議場でのなわばり行動である。

いつもの席はなじみの場所であり、通い慣れた居酒屋のカウンターのお気に入りの席と似ている。つまり、そこに座ると、何となく落ち着くのである。

こうした現象は、大学の教室でも見られる。講義に出席する学生の席は、数回の授業でだいたい固定する。そして、席の固定しない学生の成績は概してよくない。席の定まらない人は、ある種の不適応を起こしているのだろう。会議でも同じことがいえるかもしれない。

第二に、親しい人同士は並んで座ろうとする。そして、席の近くの人同士でグループをつくることが多い。

会議で、いつも並んで座っている人同士は気心の知れた間柄だったり、同じ意見をもっていたりする可能性が大きい。ホンネを言わない人の意見は、いつも一緒にいる人と同じ意見だと考えていいかもしれない。

いつもと同じ席に座れば、会議で自分がどのような状況に置かれるのかを推測することができる。また、気心の知れた友人と並んで座ることができれば、いざというとき心強いというわけだ。

こうしてみると、会議が始まる数分前からイス盗りゲームが展開されるのも納得できる。

◎【会議の心理戦争②】
「スティンザーの三原則」――賛成を得るための駆け引き

司じメンバーで繰り返し会議をすると、おもしろい現象が見られる。心理学者のスティンザーの名にちなんで、これを「スティンザーの三原則」と呼ぶことがある。

第一の原則――かつて口論した相手が同じ会議に出席したときには、その相手の正面に座る傾向がある。議論したり、叱責《しっせき》したりしようとするときには、相手の正面に座る人が多くなる。このことからもわかるように、ほかの席が空いているのに自分の正面に座る人は、「私に何か言いたいことがある」と考えてよいだろう。

対策として、会議のときには「自分の正面に座った人の賛同が得られるように発言する」ことを心がけたほうがいいだろう。

第二の原則――ある意見が述べられると、その次には、その意見に反対する意見が出やすい。

反対意見の人は、「発言しないと、そのまま決まってしまう」と考え、反対意見を述べようとするからだ。

対策としては、反対意見が出る前に、ほかの人に続けて賛成意見を述べてもらうような根回しをすれば、全員賛成ですんなりまとまるだろう。

第三の原則――議長役のリーダーシップが弱すぎると、正面に座った人と私語が始まる。一方、リーダーシップが強すぎると、隣の人と私語が始まる。

対策としては、私語の様子を見て、リーダーシップの強弱を適切な方向に軌道修正する必要があるだろう。

◎【会議の心理戦争③】テーブル・席には、こんな意味がある！

次の二つは、会議に関する心理テストだ。

Q1　七人で話し合いをすることになりました。もし、あなたが主催者だったら、どちらのテーブルを用意しますか。

①円形テーブル

②角テーブル

円形テーブルを用意するという人は、みんなの意見を聞こう派。一方、角テーブルを用意するという人は自分の意見を通そう派。

最近の国際級の会議では、この円形テーブルがよく使われている。円形テーブルでは参加者がみんな対等の立場で発言することができ、特定の人の発言が強くなるということがない。

また、特定の人がリーダーシップを取るのがむずかしいため、なごやかな雰囲気の中で活発に意見が交わされる。

結論がまとまりにくいという難点はあるが、討論のあとで参加者全員が「話し合ってよかった」と満足することができる。とくに、全員参加の討論では、円形テーブルが話し合いを活性化するだろう。

なお、角テーブルの意味は、Q2で説明する。

Q2 角テーブルで、客（黒丸の席）と話すことになりました。そのとき、あなたは、A～Dのどこに座りますか（下図）。

角テーブルを使って、それぞれの席の意味を調べた研究がある。これはアメリカ人とイギリス人を対象にしたものだが、日本人にも当てはまるところが多い。

普通の会話ではAが好まれる。この位置どりはだれとでも話しやすいので、初対面の相手にも有効だ。この席を選んだ人は、相手と「即《つ》かず離れずの関係」にしたいと考えている。

雑談ではなく、議論するときには、正面に向かい合って座るB席が選ばれる。相手の様子が見やすいからだ。この席を選んだ人は、相手と「対立的な関係」にあると考えている。

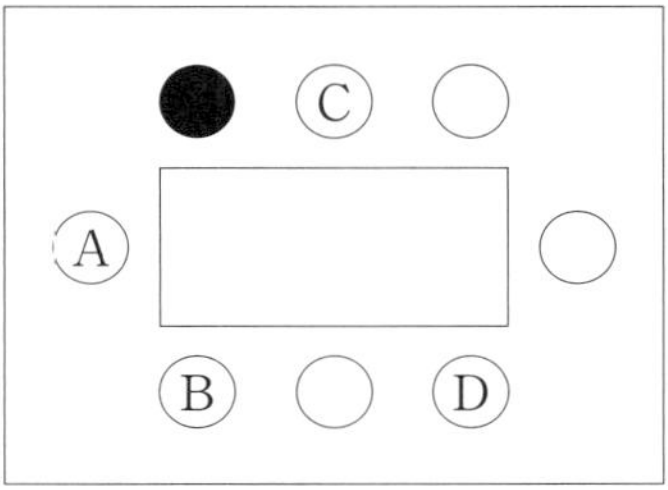

二人が協力関係にあるときにはCが好まれる。親しい人同士が打ち合わせをしたり、恋人がデートしたりするときに利用される。この席を選んだ人は、相手と「親密な関係」にあると考えている。

二人が、競争したり、別々のことをしたりするときにはDが好まれる。お互いに離れた席に座って邪魔し合わないのが得策だからだ。この席を選んだ人は、相手と「かかわりたくない関係」にあると考えている。

角テーブルの会議では、議長との位置関係で、発言に有利な席や発言しにくい席ができる。

前述の論理にしたがえば、議長の隣の人とは協力的になり、正面の人とは対立的になる可能性があるからだ。

席はどこでも同じではなく、軽重のあることがわかる。だからこそ、とくに角テーブルで話すとき、それぞれの人は「機先を制す」のに都合のよい席を確保しようとする。

その結果、会議の前には熾烈なイス盗りゲームが展開されるというわけだ。

円卓の騎士

中世時代、アーサー王は「自分の配下の騎士たちの間に、上下の区別が生じないように」との配慮から、彼らを大理石の円卓に座らせて話し合いをしたそうだ。

◎〝満場一致〟のワナ——冷静な判断力が失われるとき

一九六一年のはじめ、ホワイトハウスにトップレベルの専門家たちが集まり、新大統領ジョン・F・ケネディを囲んで外交政策が話し合われた。

この会議で、CIAの訓練を受けたキューバからの亡命者をキューバに侵攻させるという計画が全員一致で決定された。しかし、実際に攻撃が開始されてみると、アメリカの惨敗という結果に終わった。

エール大学の社会心理学者ジャニスは、この事件は集団思考がもたらした悲劇だと分析した。

第一の理由は、高い士気と団結心をもった優秀な人々の集団には、楽観論が生じやすいことである。

第二の理由は、「われわれ」意識の強い集団のメンバーは、満場一致を最優先するあまり、反対意見を述べない人が出てくることである。

また、集団で話し合うと、意見や判断がより極端になることがある。

第三の理由には、「危険性は高いが、うまくいけば大きな成果が期待できる」という、より危険度の高い意思決定がなされる。これを「リスキー・シフト現象」といい、キューバ攻撃の決定を左右したと考えられている。

第四の理由には、「大きな成果をねらうより、安全第一の決定をする」という、より安全性の高い意思決定がなされる。これを「コーシャス・シフト現象」と呼ぶ。

このような集団思考を防ぐには、第一に、最終的な決定は個人が行なったほうがいい。

第二に、より効果的に問題解決するためには、むしろ団結心の低い集団で話し合ったほうが安全である。

「バンド・ワゴン効果」と呼ばれる現象がある。バンド・ワゴンとは、お祭りのパレードに繰り出す楽隊車のことである。笛や太鼓の鳴り物がやってくると、それまで冷静な気持ちでいた人たちも、一気にお祭り気分にさせられる。

鳴り物でムードづくりをすることを、バンド・ワゴン・アピールという。

会議の際の「賛成！」との発言、拍手、挙手などがこれに当たる。「もうやめろ」「引っ込め」といった野次がバンド・ワゴン・アピールになることもある。

いずれにしても、**バンド・ワゴン・アピールがあると、会場の雰囲気が賛成意見、**

あるいは反対意見に染まりやすくなる。十分な討論をしないままに、ムードで決議されてしまう。

派手なバンド・ワゴン・アピールがあったら、興奮が収まるのを待ってから、もう一度、冷静に話し合う雰囲気をつくることが大切だろう。

天気予報を信じる人・信じない人

降水確率が何%になったら傘を持って出かけるか。ある調査によると、降水確率五〇%のときには六三%の人が傘を持って出る。ちなみに、確率が二〇%のときは四%、四〇%のときは三四%、八〇%以上のときは九三%が傘を持った。そして、確率〇%のときでも二%の人が傘を持ち、一〇〇%のときでも三%の人が傘を持たなかった。降水確率をまったく信じない人がいるらしい。

◎心理学から見た〝イス盗りゲーム〟

席の座り方は、人柄をよく表す。そればかりでなく、どのように席をとるかで、人間関係も決まってくる。

Q1　それぞれの側に椅子が三脚ずつある角テーブルを使って、五人で話し合いをすることになった。あなたはどちら側の席に座りますか。

①二人になる側。

②三人になる側。

Q2　八人掛けの角テーブルで会議を行なうとき、あなたはどの席に座りますか。

①部屋の奥の短い辺にある席。

②長い辺の中央の席。

③出入り口に近い端の席。

Q1—①とQ2—①を選んだ人は敏腕リーダー型。Q1—①とQ2—②を選んだ人は温厚リーダー型。Q1—②とQ2—③を選んだ人は弱腰リーダー型。

その他の組み合わせは、次項を読んで解釈してほしい。

初対面の五人が、Q1のテーブルで討論したあとで、「だれが討論の実質的なリーダーだったと思いますか」と尋ねた実験がある。その結果、①に座っていた人たちが、②に座っていた人たちより、二倍以上多くリーダーだと見なされることがわかった。**少数者側に座った人は、他の参加者の注目を集めやすく、発言しやすい。**また、全体の様子が見渡しやすいので、全員の言動が把握しやすい、という利点がある。つまり、リーダーシップを取りやすい席といえる。

Q2の①の席は、上座であり、課題の解決を最優先するリーダーが座りやすい。この席に座った人は、強力なリーダーシップを発揮して、効率的に話し合いをすすめると考えられる。

中央の②の席は、人間関係を重視する情緒的なリーダーが座りやすい。このリーダーのもとでは、参加者が膝《ひざ》を交えて全員で話し合おうとの雰囲気が生まれやすい。

出入り口に近い③の席に座る人は、消極的参加者である場合が多い。シラケムードのとき、この席に座っている人に発言を求めて活性化するという手もある。

Q3　部下や来訪者と話すとき、角型デスクと接客用の丸テーブルがあったら、どちらを好みますか。

①角型デスクで向かい合って話す。
②丸テーブルではす向かいに座って話す。

Q4　専用のオフィスがあるとしたら、デスクをどのように配置しますか。
①デスクを出入り口に向け、ドアに向かって仕事をする。
②デスクを窓に向け、ドアを背にして仕事をする。

Q3—①とQ4—①を選んだ人は権威主義人間。Q3—②とQ4—②を選んだ人は自由人間。

これは、大学教授と学生の関係を調べた研究で明らかにされたことである。教授と学生がデスクでしばらく話したあとで、学生に教授の印象を尋ねたところ、「権威主義的で、攻撃的だった」と評価した。

一方、丸テーブルで話した学生は、「公平で、世話好きで、親しみがあり、よく話を聞いてくれるオープンな人柄だった」と評価した。

また、アメリカのある大学での調査によると、ドアに向かって仕事をする教授（クローズ・タイプ）は、伝統やしきたりを重んじる傾向があり、学生にアドバイスを与える機会が少なかった。

一方、ドアに背を向けて仕事をする教授（オープン・タイプ）は、しきたりなどにとらわれることがなく、学生から相談を受ける回数が多かった。

クローズ・タイプの配置では、デスクが訪問者を遠ざける障壁になってしまう。訪問者を歓迎する、自由で、話しやすい雰囲気を演出するにはオープン・タイプの配置が有効である。

人のホンネや人柄は、黙って席に座ればピタリとわかる。

何気なく座る席にも、その人の深層心理が隠されているというわけだ。

会議は踊る

「会議は大いに踊る。しかし、進まない」という名文句がある。一八一四年、ナポレオンが没落したのち、ヨーロッパの君主や大臣がウィーンに集まった。各国の代表が自分の利益を優先するために、楽屋裏の取引が盛んに行なわれた。会議は本題に入らないままで、舞踏会や狩猟遊びに明け暮れた。一九三一年には『会議は踊る』というドイツ映画が大ヒットした。

○頼みごとをするのに適した日とは?

〝お天気屋〟の行動は、天候とは無関係かもしれないが、天候を見て人を操ることはできるかもしれない。

天候を利用することができるなら、気むずかしい人を口説くことも、そう大変なことではなくなるだろう。

アメリカのカニングハムという心理学者は、さまざまな天候の日に、野外にいる人にある頼みごとをした。その結果、他人が快く承諾してくれるかどうかは、そのときの天候に左右されることがわかった。

夏では、晴れた日、気圧が上がったとき、風が吹いているときに承諾率は上がり、逆に、気温や湿度が高い日、満月に近い日ほど承諾率は下がった。さらに、相手の年齢が高くなるほど承諾率が下がった。

冬では、晴れた日、気温の高い日、そして、相手が女性であるときほど承諾率が高かった。逆に、湿度が高い日、風の強い日、満月に近い日ほど承諾率は下がった。

要するに、夏でも冬でも、**晴れた日は頼みごとに適した日だが、湿度の高い日や満**

月に近い日は不適当な日だといえる。

また、気温、気圧、風の強さについては、夏と冬では、それぞれ逆の影響を及ぼしていることがわかる。

さらに、レストランのウエイトレスの気分が戸外の天候に左右されるらしいことも明らかにしている。

四～六月にかけて、戸外の温度が四～二七度の日に調査が行なわれた。レストランの室温はいつも二一度だった。

その結果、この調査に協力した六人のウエイトレスの気分は、晴天の日ほど、また、温度が高い日ほどいいことがわかった。

おもしろいことに、晴天の日ほど、また、湿度が高い日ほど、チップがたくさんもらえることもわかった。

晴天の日は、ウエイトレスも客も気分がいいので、ごきげんな関係になる。その結果、チップも多くなるというわけだろうか。

恋愛を科学する

男性がデートの誘いの電話をかける。そのとき相手の女性が一度断ったあと、しばらくしてから「あなたのお誘いだから」とOKすると、男性の女性に対する好意度が高まる。

◯雨の日、風の日こそ訪問日和

前項で、依頼に向くのは天候のいい日だということがわかった。これとは逆に、天候が悪い日こそ、依頼に向いた日だという考え方もある。

天候の悪い日にわざわざ出かけると、なぜ効果があるのだろう。

たとえば、恋する人は万難《ばんなん》を排して相手に会おうとするだろう。

同じように、他人に頼みごとをしたり、他人を説得しようとしたりする人は、その必要の度合いが高いほど、障害を乗り越えようとする気持ちも強くなるはずだ。

こうした心理を逆手にとって、**悪天候の日や交通ストの日などに訪問することで、「どうしても〜したい」という誠意や熱意を、相手に印象づけることができる**というわけだ。

さらに、悪天候の日に訪問すると、「こんな日にわざわざ来ていただいて、申し訳ありません」と、相手は心理的負担を覚える。負い目を感じると、相手の申し出を無視することができなくなり、頼みごとを承諾せざるをえなくなるということもある。

晴れた日は「懐手《ふところで》」でもいい。しかし、それ以外の日は、気温、湿度、風力などに気を配ったほうがよい。

とくに、天候の悪い日ほど、営業や接客の腕の見せどころといえそうだ。

3 気づかなかった「自分」が見えてくる!

◎【愛情を測る方程式①】「男の愛し方」「女の愛し方」

誰かを愛することができるのは、精神的に健康な証拠である。精神分析学の創始者フロイトも、これに類したことを述べている。その通りだと思う。

「ねえ、私のこと、愛してる?」

「当たり前だろう!」

「それじゃ、どのくらい愛してる?」

よくあるシチュエーションだが、こんなとき、男性はどうすればいいのだろう。黙って抱きしめるのがいいのだろうか。

次の文章の□の中に、「気になる異性(あるいは同性)」の名前を入れ、その内容が自分の考えに当てはまっていたら、✓印をつけてください。

□①［　　］は順応性があると思う。
□②［　　］は他人から賞賛されるような人になれると思う。
□③［　　］の判断力を信頼している。
□④［　　］をグループの代表に推薦したいと思う。
□⑤［　　］と私は、お互いによく似ていると思う。
□⑥［　　］と一緒にいるとき、二人は同じような気持ちでいられる。
□⑦［　　］と一緒にいられないなら、みじめな思いがするだろう。
□⑧［　　］のいない生活はとても辛いだろう。
□⑨［　　］が嫌な思いをしているときには、彼（彼女）を元気づけるのが私の務めである。
□⑩［　　］のためなら、どんなことでもするつもりである。
□⑪［　　］にならら、どんなことでも打ち明けられそうな気がする。
□⑫［　　］と一緒のとき、かなり長い時間、彼（彼女）をただ見つめているだけのことがある。

これはアメリカの心理学者ルービンがＬＩＫＥ（好き）とＬＯＶＥ（愛する）を測定するために考案した質問項目を参考に作成したものだ。

①～⑥はＬＩＫＥの項目、⑦～⑫はＬＯＶＥの項目である。これを目安にして、「その人を愛しているのか、ただ好きなだけなのか」を判断していただきたい。

なお、ＬＩＫＥは好意的な評価（①②）・尊敬と信頼（③④）・類似性の認知（⑤⑥）、一方、ＬＯＶＥは愛着（⑦⑧）・世話（⑨⑩）・親密さ（⑪⑫）という要素で説明することができる。

ルービンの研究によると、パートナーを好きになることと愛することとの間には、次のような関係があった。

第一に、男性は、パートナーが好きであると同時に、愛している。一方、女性はこの二つを区別している。

第二に、女性は異性と同じように同性を愛することができる。

第三に、男性はロマンチックな気分にならないと、その女性をデートに誘わないが、女性のほうは、好きであれば、その男性とデートすることができる。「恋の道には女が賢《さか》しい」という。恋をすると、男性より女性のほうが判断力があって、しっかりしているというわけだ。

「あなたが望んでいるものをすべて備えている異性が現れたら、その人を愛していなくても結婚しようと思いますか？」

適齢期の男女に、この質問をしたところ、意外な結果が見いだされた。「いいえ」と回答した人は、男性では約三分の二、女性では三分の一以下だった。結婚相手を選ぶとき、女性は、男性ほど愛を重要視していないことがわかる。これはアメリカで行なわれた研究だが、日本でも通用するだろう。

ある女性は、「私の望んでいるものをすべて持っている男性なら、その気になれば愛することができると思うわ」と回答したそうである。

一般に、女性は男性より、ロマンチックな気持ちを理性で抑制する傾向があるといわれている。**女性のほうが、現実的で実際的**というわけだ。これが「恋の道には女が賢しい」という理由であろう。

ところで、「自分の成功や失敗は自分の実力や努力の結果である」と考える人（これを内的統制者と呼ぶ）は、「運や偶然に左右される」と考える人（外的統制者）よリ、恋愛経験が少ないことがわかっている。
「男と女は赤い糸で結ばれている」といった話を信じない人（内的統制者）は、恋焦《こ》がれてではなく、自分の人生設計にふさわしい相手と結婚することになるのだろう。

同調ダンス
話しながらコーヒーをひと口飲んでみよう。相手が同じように飲み物を飲んだら、あなたの話に意気投合している証拠。これは同調ダンス（手足やうなずきなどの動作が一致すること）と呼ばれる現象だが、ラブラブのカップルによく見られる。

◎【愛情を測る方程式②】「その人」は自分に合っている？

あなたは恋人に、あるいは配偶者に、どのくらい満足しているか計算してみよう。
まず、上の回答欄の「　　」さんの中に相手の名前を入れてください。「あなたの

条　件	あなたの考える重要度		「　　　」さんの評価値		計
容　姿	(　　　)	×	(　　　)	=	
知　性	(　　　)	×	(　　　)	=	
経済力	(　　　)	×	(　　　)	=	
会話のセンス	(　　　)	×	(　　　)	=	
利用しやすさ	(　　　)	×	(　　　)	=	
			合計点		

考える重要度」にはもっとも重要なものを5として、4、3、2、1の順に数値を入れてください。

「○○さんの評価値」には、最大の評価を5、中位を3、最低を1として、5〜1の数値を好きなように入れてください。

これはアメリカの心理学者が考案した配偶者選びの経済モデルを参考にしたものである。**合計点を他の人の結果と比較すると、あなたの満足度がわかる。**

また、「好きな人が二人いる」という人は、二人それぞれの合計点を出してください。この場合には、「得点の高いほうの人と交際するのが無難」ということになる。

さらに、条件（たとえば、指導力、技術

力など）を変えると、仕事のパートナー選びの経済モデルとしても活用することができる。

これ以上、近寄らないで！

ベンチや車の後部座席に座ったとき、相手が自分の荷物を二人の間に置いたら、あなたは敬遠されている証拠。荷物は自分のテリトリーの壁の役目をするので、この場合は、「これ以上、私に近寄らないで」のサインになる。

◎あなたの人間関係指数はいくつ？

あなたは恋人に、あるいは配偶者に、どんな人間関係を求めているのだろう。人づき合いのタイプを調べてみよう。

次の空欄に数値を入れ、人間関係指数を求めてください。

人間関係指数＝友人の数×会う平均回数×コンタクトの平均時間
（　）（　）（　）

友人の数は、一〇秒間で思い浮かべることのできる友人の人数を入れる。会う回数は、一週間のうちに、それらの人たちと会ったり、電話したりする回数を入れる。会っている平均時間は、それぞれの人とコンタクトをとる時間（分）を入れる。

アメリカの精神分析医ベラックは、こうした公式を利用して、現代人の人間関係の特徴を説明している。

たとえば、Aさんは5×4×25＝500、Bさんは2×2×125＝500だったとする。二人の指数は同じだが、Aさんのほうが大勢の人と、短時間で、頻繁に会っていることがわかる。Aさんのような人は表面的な人づき合いを通して、忙しく活動することで、内的な緊張感をコントロールしていると考えられている。これが現代人の特徴の一つである。

恋人に頻繁に電話をしたり、親しい人と毎日のように顔を合わせたりしないと不安になるというのであれば、あなたはAさんタイプである。「ケータイが手放せない」とか、「留守電がセットしてあるかどうか心配」という人である。

頻繁にデートするのだが、会っている時間が短いというカップルは、いわばデート・シンドローム。繰り返しデートすれば愛情が深まり、恋の赤い糸が切れないと思い込んでいる。

また、喫茶店に入って、ゲームをして、映画を観て、ホテルに行って……という細切れデートも、デート・シンドロームの一種である。

実際、短時間のデートや細切れデートでは、「当たり障《さわ》りのない話をしてサヨウナラ」ということになり、二人の関係はいっこうに深まらないだろう。「結婚の話が出ない」とか、「夫婦だけで出かけることがない」というカップルは、デートの再点検が必要である。

コーヒー一杯で、二人だけで二時間以上話すことができれば、結婚は大吉、夫婦は円満、友情は永劫《えいごう》。これは私自身が愛用している愛情の深さを測る物差しだ。

好きなら必ずわかります！

雑踏の中で待ち合わせをしたとき、相手が先にあなたを見つけてくれたら、あなた以上に好意をもっている証拠。自分にとって興味がある情報や大切な情報は優先的に選択される。この原則からすると、好きな人の顔はどんなにたくさんの顔があってもすぐ見つかることになる。

COLUMN 5

お金が人を変える……!?

金に目が眩《くら》むというが、お金を目の前にすると、物事の道理や善悪がわからなくなるようだ。身近に見られる、お金にまつわる人間心理を紹介してみよう。

★高価なものはよいものか

ビールの利《き》き酒を利用した心理実験がある。六本のビールには、値段（高い、中くらい、安いの三段階）がつけられていた。

実験には、数人の専門家が選んだ高品質のビールと低品質のビールの二種類のブランドに、それぞれ三段階の値段が適当につけられていた。

利き酒をしてもらったところ、たいていの人は二種類のビールの違いを区別できなかった。しかも、値段の高いビールほど質がよいと判断されたのである。

「高いものはよいものだ」の論理は、マーケティングの分野でよく知られた現象である。「売れない商品に高い値を付けたら、すぐ売れた」との話を聞いたことがある。

ブランドものや高級輸入品であることがわかると、無理してでも購入したくなる心理も同じだ。「安売りすれば買い手がつく」と考えるのは、「キジの浅知恵」ということになる。

★少額のお金に目が眩む

公衆電話の返却口に、わざと一〇円硬貨を入れておく。

その電話機を利用した人がボックスから出てきたとき、近くを通りかかった女性（実験者）が、その人の目の前で書類の束をばらまいた。そうしたところ、一〇円硬貨を受け取った人の八八％が書類を拾う手伝いをしてくれた。ちなみに、一〇円硬貨を入れておかなかった場合には、手伝ってくれたのは四％だった。

少額のお金が人の行動を変えてしまうのは、どうしてだろうか。

第一に、手助けすることで、自分が受けた恩恵（あるいは罪の意識）を軽くしようとするからだ。

第二に、お金を得ると気分がよくなるので、温かい、協力的なムードが生まれる（楽しいムード論と呼ぶ）からだ。

汚職事件の高額なリベートとは比較にならない少額でも、人の行動が変わるわけだから、お金には、計り知れない魔力があるといえる。

本書は、小社より刊行した『心理操作ができる本』を、再編集のうえ、改題したものです。

怖《こわ》いくらい人《ひと》を動《うご》かせる心《しん》理《り》操《そう》作《さ》

著　者――渋谷昌三（しぶや・しょうぞう）

発行者――押鐘太陽

発行所――株式会社三笠書房

〒102-0072 東京都千代田区飯田橋3-3-1
電話：(03)5226-5734（営業部）
　　：(03)5226-5731（編集部）
http://www.mikasashobo.co.jp

印　刷――誠宏印刷

製　本――若林製本工場

ISBN978-4-8379-2745-7 C0030

T30302